mark

這個系列標記的是一些人、一些事件與活動。

mark 81 流水年華鳳飛飛
FLOWING YEARS OF FONG FEI FEI

作　　者｜陳建志
責任編輯｜楊郁慧
版型設計｜徐璽
封面設計｜張盛權
校　　對｜呂佳真

法律顧問｜全理法律事務所董安丹律師
出 版 者｜大塊文化出版股份有限公司
地　　址｜台北市105南京東路四段25號11樓
網　　址｜www.locuspublishing.com

讀者服務專線｜0800-006689
TEL｜(02)87123898　FAX｜（02）87123897
郵撥帳號｜18955675 戶名／大塊文化出版股份有限公司

總 經 銷｜大和書報圖書股份有限公司
地　　址｜台北縣新莊市五工五路二號
TEL｜(02)89902588 FAX｜(02)22901658

初版一刷｜2009年12月
初版二刷｜2012年2月
ISBN 978-986-213-150-3
定　　價｜新台幣300元
Printed in Taiwan

鳳飛飛

流水年華

FLOWING YEARS OF FONG FEI FEI

陳建志 著

目次

3 風格與文化

鳳飛飛是一個奇妙的綜合體：國台語綜合、東西洋兼容、影視雙棲、雅俗共賞、城鄉皆宜、跨越性別。

序 愛的禮物

本書是一個小小禮物，想要獻給鳳飛飛女士。鳳飛飛給了我太多，我這個小小禮物根本不成比例。

本書的卷首文章〈流水年華鳳飛飛〉，我前前後後磨了一年多才寫完，期間感觸良多，有時就激動得掉下淚來。

但那不是悲傷的淚水，而是感動的淚水。

在我感覺青黃不接的時候，鳳飛飛出現在我的生命裡。我又驚又喜，彷彿心上有塊缺口被補滿了。原來我仍然是幸福的。

在人生滄桑中，鳳飛飛的歌聲仍然如流水往前流去，不會停歇。她讓我知道我還能奮力向前，開創未來。

「流水年華鳳飛飛」一詞，是把鳳姐名曲〈流水年華〉與她的名字連在一起。有人認為這是對「年華似水流」的感慨，也對。但是這個詞裡，還有我用心安排的一種讀法，就是——

流水年華 鳳 飛飛

一隻鳳，在流水年華之上飛啊飛，不斷振翅，不斷飛翔。

那是一隻永生的鳳凰，飛越了時間。

這才是我對鳳飛飛最深的了解，也是支持我完成本書的真正動力。在我需要飛越人生滄桑的時刻，我遇見了鳳飛飛。鳳飛飛的演唱會、唱片、個人的奮鬥，都帶給我一股強大的力量。鳳凰振翅，鼓起一陣大風，我在那陣大風中浮升了起來，再度學習飛翔，再度前進。

這時候的我，也越來越投入學術研究裡，外表看似安靜，內在卻十分活潑。我有鳳迷的深情與狂熱，也有學者的冷靜思考——起碼我希望做到這樣。

結果就是，我費時五年，以八萬多字，終於將本書寫了出來。當然，碰到瓶頸的時候，就暫時擱下來，也不求快。但是拖到今年，是鳳飛飛出道四十一週年，意義重大，不能不趕出來了。於是我更加努力趕工，終於以現在的模樣呈現在讀者面前。

我對本書有一份很特殊的感情，是對鳳飛飛的，也是對我自己的。我珍惜這段與「鳳飛飛」共處的時光：我去鳳飛飛的演唱會、我聽鳳飛飛的八十幾張專輯、看鳳飛飛電視節目的錄影、隨著她的歌聲走進台灣歷史裡。我與鳳迷們聚會聊天，越來越了解我原來不清楚的世界。

序 愛的禮物

對我來說，「鳳飛飛」不只是一個歌手，而是一個世界。我喜歡沉浸在「鳳飛飛」這個世界裡，那裡很溫情，也很華麗。「鳳飛飛」是無法用一本書就涵蓋得完的，我只能盡量從不同的切面來描寫她，而在這個過程中，我驚覺到一個事實：「鳳飛飛」是越寫越多，沒完沒了的。

我相信有一天，鳳姐的口述傳記會出版的。為鳳姐作傳，一定有比我更好的人選。我的心願只是把本書寫出來。這本書不管在華人演藝界或是文壇，可能都是空前的，因為這是「一個作家書寫一個歌手」、「一個學者研究一個巨星」的鳳學之書。這不是傳記，而是一本創作兼評論。創作是最重要的一部分，然而給鳳飛飛適當的評論，也是我所在意的。

這就是我曾在鳳飛飛官網上說的：我要做「鳳學」！我這麼說，引起了一些鳳迷的怔忡與回響，因為以前從來沒人提過「鳳學」這個詞。其實我只是有個心願，覺得鳳飛飛的重要性沒有完全被了解，甚至是被忽略了。鳳迷都知道，卻覺得說得不夠。我當時就想著，我要把這些說出來。沒想到，現在這個心願終於實現了。

寫書的期間，我做了一個夢，夢中有一句話：「我無法想像一個沒有鳳飛飛的台灣！」我好像是在呼喊，滿腔激動，又滿腔溫柔。台灣沒有鳳飛飛的話，會是什麼樣子？對我來說，那就是無法想像。

原來在夢中，我也被激勵著，要把這本書好好完成。

原來在夢中，我們都收到了鳳飛飛愛的禮物。

1 舞台與人生

Stage & Life

流水年華鳳飛飛

說起鳳飛飛，我要先聲明我不是典型的鳳迷，譬如鳳飛飛出道三十五週年演唱會，我就沒有去看。那時候根本沒注意到消息，就是知道了，也不會想去看。

是在後來，不經意聽到這場演唱會的 Live 錄音，才有了不同的感受。

當時聽這張ＣＤ，也不全然是因為鳳飛飛，而是一直有聽演唱會專輯的習慣，藉以欣賞歌手唱功好不好，實力是否還在。也就是說，是鑑賞勝於懷舊的。

即使我是某老巨星的粉絲，也不會想去聽那種懷舊演唱會的。就是去了，懷舊的目的也不一定能達到；要是眼見人面桃花，歌喉不再，老歌手在台上硬撐的窘境，其實相見不如懷念。最糟的時候，甚至會覺得，自己過去為這些歌聲所伴隨的青春歲月，竟果真如歌星老去一樣的朽壞了，被殘酷的時光與現實所沾染了。

因此，即使我是五年級生，自小也是聽鳳飛飛的歌長大的，又何必去看她的演唱會？要真是愛樂人，就能去欣賞不斷推陳出新的王菲、周杰倫等人，任流行歌聲浪潮不斷波湧，自己坐於岸邊聽濤即可。

然而，當我聽到演唱會揭幕曲〈溫暖的秋天〉，心一驚，這真的是現年五十幾歲的鳳飛飛嗎？

在管弦樂隊的伴奏中，那歌聲精鍊醇厚，行雲流水——鳳飛飛的歌喉沒掉下去，甚至在許多地方更有進境！接著一首首成名曲輪番湧現，盪氣迴腸，編曲與唱腔皆新意不斷，顯示這場演唱會並不是懷舊的老人大集合，而是蘊藏新生力量的野心之作！

就這樣，我對鳳飛飛有了改觀，也對一個藝人的養成造就，乃至於其續航力，有了一番不同的心得。

那時我在英文系教授一門「英美詩選」，以大評家哈洛·卜倫（Harold Bloom）所選的英詩做為教材。一邊教，一邊感慨他大都選了詩人們後期的名詩，其實正透露了他自己中晚年的心境。那是一種自知不再如日中天，但仍勇往向前的豪情，一種以後天之鍛鍊來繼續逝去的青春才情的奮鬥。

這些詩又豈止反映哈洛·卜倫而已。後來我漸漸發現，那似乎也映照出我的心境。那時我正好進入變動最劇的一年，從台北赴花蓮教書，家務事亦不少，又要常回台北。兩地奔波的結果，驚訝體力大不如前，第一次感到人至中年的無奈，更別提驚聞又有親友凋零的心情了。

仍在掙扎，仍在猶疑徬徨，「江闊雲低，斷雁叫西風」。然則那些英詩，也並沒有讓我振奮太多，甚至濟慈、雪萊等早夭天才詩人在即將隕落前的作品，更是讓我這個文字習作者心生驚恐。許多藝者都是在青春時大放光芒，而後迅即消失的，而我不要那樣。

在這當口，鳳飛飛三十五週年這張專輯，在許多方面都幫助了我，當我在嘆息落花流水悠悠之時，讓我知道有一個藝人，仍老驥伏櫪，志在千里，讓我知道即使是哀樂中年，體貌日衰，還能奮力向前。

這一切失之毫釐，差之千里，就決定在藝人的舞台表現上而已。無法遮掩，無法重來的舞台，原來就是這台灣歌后在歷經一九九七年復出電視而遭挫敗之後，奮力一搏，精華盡出的重返！

一首首名曲翩翩而來，聽來不只舒暢神往，也自心驚膽戰，「不道流年暗中偷換」，幾乎所有同時期的紅歌手都銷聲匿跡，金嗓不再了，甚至再出現只是尷尬難堪了，但鳳飛飛卻再造新局，沒讓人失望，反見驚喜。

〈相思爬上心底〉〈夢難留〉〈楓葉情〉等曲餘音繞梁，以R＆B即興轉音收尾，令我驚嘆鳳飛飛的花腔如今更加夭矯靈動，風起雲湧。以前她的轉音是來自日本演歌，甚至平劇，但至遲在一九八一年的〈愛你在心口難開〉就已運用了R＆B，是台灣歌壇最早發揮此一元素者。

然而她又不囿於哪一種風格，只是東採西擷，熔煉出獨屬自己的韻味，成為一種創造。

至於〈心影〉〈流水年華〉〈松林的低語〉這些經典，也都與時俱進，有的加快，有的放緩，某幾顆音符故意轉得不同，猶如變種奇花。尤其〈我是一片雲〉，是兩種版本融在一首，輪番搭配，令人驚豔。

不上電視表演，亦非過去龍蛇雜處的歌廳，如今鳳飛飛在音場極佳的個人演唱會召喚她所有的歌迷，實是一個天生藝人的幸福，因為這就是一個歌手應該存在之處，也是特意為歌手打造的試煉場。而她通過了試煉，再次贏得「掌聲響起」，看似揮灑自如的背後，又不知是砸下多少苦功與汗水了。

唱現場的舞台是歌手的競技場，鳳飛飛要競賽的不只是歌藝，也是最不饒人的時間，而她就像一個老英雄，汗流浹背，沈著應戰，馴服了時間，將歲月慢火燉熬，轉成悠然的歌聲，在夢幻的剎那中，音符流入了永恆的境地。

真的，時間不存在了，歌聲穿越了過去，現在，未來。

甚至後來，我心癢難搔去買了她早期專輯來欣賞時，竟爽然若有所失，覺得沒有這張演唱會專輯好。即使是多年不見的情人，人心也總是喜新厭舊的，不會駐留於當時。好在鳳飛飛既維持基調，又不著痕跡的融合流行，既不太過，也無不及，將物換星移轉成了日新月異。

這演唱專輯之精彩，不但讓我在當下躍躍振奮，也引我進入過往的青春時光。算一算，我大驚，原來那些歌開始流行時，正是我國小國中時，情感最易受影響薰染之時。於此時被流行歌一「茶毒」，也就難以自拔，永留記憶深處了。

我漸漸想起來，當〈流水年華〉一出來，還是小學生的我就去買專輯來聽，不斷的播放。當時老家在台中市第二市場前的中正路鬧區，開百貨店，唱機放在一、二樓間的「半樓」，一個用來儲藏的陰暗夾層，每次歌一播完，我就必須再上到半樓，將唱針放回去，讓它於人來人往的一樓店面播放出來。我就這麼上上下下的跑，有時就乾脆坐在木頭階梯上聽，聽了幾十遍，日以繼夜，都不知時間過去了。這半樓還有個小窗，可望到店後的菜市場人來人往的景致，如今想來，如在目前。

年華似水流，不斷悠轉，但卻是一直往前流去的呵。

於是當二〇〇五年鳳飛飛再度來臨，我便迫不及待去參加她的台北演唱會了。跟大家一樣，我也變成了激動流淚不已的歌迷；此後又去了兩場，包括南下的高雄場。跟大家一樣，我也意猶未盡，開始癡癡等待此次Live的出版。

是的，我變成了半路殺出的鳳迷。

二〇〇五年演唱會中，四十來首成名曲，有四分之三與〇三年演唱會不同，可見鳳飛飛唱紅的名曲之多。她推陳出新的意圖，展現在重新詮釋其他歌手的名曲上。譬如周華健的〈花心〉，原來是沖繩民謠〈花〉，她就以日語重新唱過，只以吉他伴奏，如吟如哦，簡單純樸，卻悠緩深沈。這首以花開花落，河流蜿蜒來吟詠生命的歌，很能傳達她隨年歲而有的體悟，也只有她唱來最有韻味。之後她又首度獻唱英文歌，芭芭拉・史翠珊（Barbara Streisand）的〈往日情懷〉（The Way We Were），又唱許冠傑的粵語曲〈浪子心聲〉，都是精彩的自我挑戰。

演唱會結束後，腦中只是不斷縈繞鳳飛飛的歌聲，忍不住輪番吟唱。隔天醒來，幽幽恍恍，只記得有夢，夢中一首首老歌像魚兒一樣神祕游動。那些歌聲都是過去時代的日常生活氣氛，當時沒有特別感覺，也不見得每一首都認真聽過，現在全都紛至沓來了。

甚至我童年的記憶也回來了。在台中第一市場的爺爺家，走在街上，忽然聽見電台播出的歌聲，「燕——雙—飛—，燕——雙—飛—」❶（參見書末〈引用歌詞一覽表〉），空中的聲音迴盪悠長，我整個人呆住，駐足傾聽了好久。當時太小，連流行歌是什麼都不懂，印象竟恍如昨日。要到很後來才知道，那就是我初次聽見鳳飛飛，是她出道的第一首台語歌，〈燕雙飛〉。

沒上KTV，沒聽舊唱片，在一兩個禮拜內，〈星語〉〈有真情有活力〉〈落花情〉〈夏日假期玫瑰花〉等此次演唱會的好多首歌都湧上心頭，漸漸都學會了。哼唱這些歌時，彷彿就回到了青春時光，也汲取了當時旺盛的活力，那時感情豐富，也沛然流露，正是已入中年的我所需要被提醒的。

鳳飛飛生活無虞，此番自不是為家計而唱，而是為了自己愛唱，也是為了支持她的千萬歌迷而唱，因此她常會感動到哭，正如歌迷也常哭成一片，彼此呼應，彼此需要。這又不是青少年的激情，也不只是懷舊之情，到底裡面還有什麼，能夠掀起這樣的感動？

原因之一，也許是她的歌曲能喚起廣大庶民的共鳴，不分老少。這些歌與分眾較細的當代流行歌相比，都顯得簡單親切，如今也沒有過時。她很「台」的歌聲又瀟灑，不是以小調著稱，而有一種爽朗自信。

到目前為止，鳳飛飛出了八十幾張唱片，唱過一百二十多首電影主題曲與插曲，唱紅的名曲多不勝數，橫斷數代，是最重要的台灣歌后。

她乃是台灣的集體記憶，台灣通俗文化的一個象徵，一個獨特標誌。

簡單的說，鳳飛飛就是一種台灣之聲。

不是唱台語才是台灣之聲，反而是國台語雙聲帶，更有開闊的台灣精神。鳳飛飛不僅唱出草根的閩南語歌，也包辦了瓊瑤大部分電影的國語主題曲，又在巨星時代的專屬電視節目如《我愛週末》《飛上彩虹》長紅，等於滲透了各階層，以更為複雜廣大的情感脈絡，唱出一種台灣之聲。

在當時的巨星中，鳳飛飛是對台灣民謠貢獻最大的歌手。除了數張重唱的《台灣歌謠》專輯，她也透過九二年的《想要彈同調》與九五年的續集《思念的歌》，挖掘出許多從未發表、失傳的台灣民謠，並以獨特歌聲將之保存，流傳下更多的經典。〈想要彈同調〉就是〈雨夜花〉作者，台灣民謠之父鄧雨賢的出土作品，由鳳飛飛唱來，感人至深。

她更隨著時代變化，與羅大佑等當時新出頭的音樂人合作，不斷創作像〈牽成阮的愛〉〈心肝寶貝〉的新台語歌來；這些與她無數的國語經典加起來，便成為一種混雜多元的，難以定義，卻非常容易辨認的台灣之聲，風行草偃，更遍及其他華人地區。

粗略的分，鳳飛飛的歌曲裡有國語、台語元素，有東洋元素（那時流行翻唱日本歌〉，也有西洋的養分。譬如〈好好愛我〉原是日本的電吉他演奏旋律，填上國語歌詞，就成了新風味。至於〈愛你在心口難開〉是翻唱西洋歌，但她唱出自己的味道，那R&B自在又瀟灑，就像最好最即興的爵士歌手，自成一格，不是現在一堆唱腔大同小異的R&B歌手所能及的。很難想像，她在當時就自創了無歌詞的吟唱法，尤其常在結尾處哼唱個幾段，興之所至，一股氣高高低低的往前飛去，隨性翱翔，卻又無不熨貼如意。在演唱會裡也是，許多首歌每次唱，每次不同。

從這些地方就可以看出鳳飛飛的博雜通透，兼容並蓄，其實這就是一種很「台」的精神。是保留自身底韻，又不斷嘗試新元素，去吸收、去混融，納百川而成其大。正因為鳳飛飛是國台語合璧，才更具有台灣風格。從這個角度看，同屬「台」味的一流歌手江蕙，就沒有鳳飛飛來得多元、大氣。江蕙一度嘗試過國語歌，但沒成功。

鳳飛飛本來是桃園大溪的鄉下「台妹」，十五歲隻身到台北，靠著天賜的歌喉闖天下，對台灣民謠、台語歌當然特別有感情。那景況就像是她在演唱會中唱的〈孤女的願望〉：「請借問播田的田庄阿伯啊，人塊講繁華都市，台北對叨去？阮就是無依偎，可憐的女兒……」[2]

那時候要靠唱台語歌紅，登上巨星地位，根本不可能。鳳飛飛是個知道如何應付時局的藝人，也就是有「任何環境都能生存」（survivor）的耐熬精神，她就自然的唱國語歌，也唱出了自己的味道，很快就紅了。但她沒有忘記繼續灌錄台語歌曲，保留並創新台語歌謠。

六、七、八〇年代的巨星，像鄧麗君、崔苔菁、張俐敏、歐陽菲菲、劉文正等，都只唱國語歌，鄧麗君偶爾唱點台語歌，比較是點綴性質。只有鳳飛飛，是藉由唱紅各種國語流行歌而站穩腳步之後，又相當有心的「夾帶」台語歌給觀眾。

然後請注意，上述這些同時代的巨星大都銷聲匿跡了，只有鳳飛飛，帶著過去的時代來到眼前，還要創造未來！

在「推行國語」時期，鳳飛飛還是盡量抓住機會去唱台語民謠，所以有《鳳懷鄉土情》的特別節目，只在台灣光復節播出，全部唱閩南語歌曲，讓愛聽台語歌的觀眾大飽耳福。這是在當時政治風氣之下僅有的少量「配額」，但有這樣的配額，已經彌足珍貴了。

國台語雙強，兩者又都成果豐碩的歌手，除了鳳飛飛，還有誰呢？

事實上，透過流行歌把「台」的精神傳遞給「台」味的鳳迷與觀眾，也是一種很妙的大眾溝通，在當時幾乎像公然的「偷渡」。鳳飛飛唱國語流行歌，也帶著一種「台」味，那是很自然的融合。她當時唱歌咬字有點台語腔，我覺得最是一種好處。許多瓊瑤電影主題曲，如〈月朦朧鳥朦朧〉〈我是一片雲〉〈一顆紅豆〉〈雁兒在林梢〉，被她唱出之後，就成了無法取代的經典。那時標榜二秦二林，浪漫高檔的愛情配上鳳飛飛的台味歌聲，這是多麼美妙的搭配啊！透過像瓊瑤這樣的電影主題曲，鳳飛飛風靡了無數台灣民眾，也穿透了省籍之分。

各式各樣的鳳迷中，最引人矚目的，應該是當時的「台妹」歌迷吧。鳳飛飛與當時廣大的「台妹」族群相互呼應，是那時「台妹」們的心靈寄託，也是一種希望的象徵。許多台妹們看著鳳飛飛從鄉下一個人到台北奮鬥的經歷，心裡湧現出無窮的希望，對自己的處境很知足，然後繼續為生活打拚。即使自己是工廠女工，看著鳳飛飛的海報，心裡就得到了鼓舞。難怪我媽媽跟我說，當時我們家百貨店的店員小姐，都迷死鳳飛飛了呀！她們買鳳飛飛的海報，貼在自己租來的小房間裡，天天聽鳳飛飛的唱片呢。

那時候剛好是台灣經濟起飛的時期，是「台灣夢」最能實現的時期，只要努力打拚，就會有相對的收穫。因此鳳飛飛也代表台灣當時「夢想實現」的健旺精神，一種殷實打拚，就會有成果的信心。

也正因如此，才有勢力堅強，到目前已有二十多年歷史的「鳳友會」！這群鳳迷老、中、青三代都有，跟著鳳飛飛一起成長，彼此支持鼓勵，真是動人。這不是那些靠外貌魅力取勝的藝人會有的。這麼長久忠貞的歌友會，在台灣大概是唯一，在全球也是少有的。許多粉絲的資歷就跟鳳飛飛出道的時間一樣久！近年來鳳飛飛每次在新加坡辦演唱會，好多鳳友會成員便包飛機去看，許多「台姐」「台嬸」「台媽」「台姨」都是第一次坐飛機，又緊張又興奮。三四十年後，還會有粉絲搭機去追逐裴勇俊、蔡依林嗎？等著瞧吧！

如今媒體時興探討「台客文化」，其實在一九六〇到八〇年代，男性代表是黃俊雄。至於女性，鳳飛飛就是第一人了。他們兩人都有兼容並蓄的後現代精神，創意驚人，最得通俗「台」文化的神髓。也許我們可以稱鳳飛飛是「女台客」第一人，台客天后，或「台女」至尊。

這就難怪一位五年級友人說，在美國留學時，只要一聽她的歌就會掉淚。又如演唱會中不少熱淚盈眶的夫婦，是因為像〈巧合〉〈未曾留下地址〉這類情歌，是他們相戀時天天在聽的，如今兒女成群，更是感觸萬千。至於我，則是一聽鳳飛飛，就會湧起求學時代唱她的歌的快樂昂揚。她的歌根本是台灣七〇、八〇年代的生活背景，記錄了無數人的人生軌跡，酸甜苦辣盡在其中。當時渾然不覺，現在才知道那其實是我們的歌聲日記。

她有點台語腔的咬字看似俗，其實並不。鳳飛飛似俗實雅，因為歌藝千錘百鍊到一個地步，那就是到了只講究藝術完成的境界，而非什麼「愛鄉愛國」「女工心聲」等能夠混淆的。一切的讚語，都要建立在最基礎的歌藝上，才能成立。鳳飛飛就是那種「祖師爺賞飯吃」的藝人，再加上後天又極努力，極有韌性，才能造就自己。否則就是再怎麼「台」，再怎麼鄉土，也是無用。更何況她正紅的時期，也不是處於對「台」文化那麼鼓勵的環境。

到現在，出道超過四十年了，鳳飛飛還在進步中！

她過去的歌喉真好，有青春人的甜潤清脆，如今甜味少了，卻多了一股蒼勁圓熟之味。歲月雖減其體貌，但功力卻越見醇厚。這是無數努力與汗水磨來的，是數十年的意志、保養、歌迷的鼓勵、個人生活等種種條件支撐所得來的。多少巨星消失了，但鳳飛飛還在，猶如一隻不死鳥，聲鳴於空。甚至她還在演唱會專輯裡透露，只要有適當時機，就會灌錄新歌。

日本的美空雲雀五十二歲謝世，台灣的鳳飛飛目前仍在超越自我！

有人說鳳飛飛是台灣的美空雲雀，也許要倒過來說才對呢。英雄出少年是容易的，但一個老英雄風雲再起，才是真正艱難的挑戰，也才是讓我震動落淚的原因。

這就是為什麼我不是要懷舊，而更看重當下一個藝人的表現，因為這就牽涉到了我自身，乃至千萬鳳迷對於邁入中年之後的態度，乃至對於生命本身的信心。到底，堅持與續航才是一切。這是無論天才或凡人在青春過去之後，都必須面對的人生之路。

因此台灣之聲、懷舊之情之外，我還有更想訴說的心聲。我們固然有「溫馨的回憶」，但當下更為重要。在沈浸於往日的美好之後，還當要以受潤澤之身回來，邁向未來，活出新生。就像鳳飛飛在〈祝你幸福〉中所唱的：「人生的旅途，有甘有苦，要有堅強意志」，以三四五年級居多的鳳迷們，我們，當如鳳飛飛自己所示範的這樣，「發揮你的智慧，流下你的汗珠，創造你的幸福」[3]！

——原載於二〇〇六年六月七日、八日《中國時報》人間副刊

最華麗的冒險

記鳳飛飛二〇〇七年演唱會首演

鳳飛飛的二〇〇七年演唱會，全台一共九場，今年四月從高雄起跑，像我這樣的鳳迷便專程南下去看了。此後台北看了三場，回老家台中又拉著爸媽看一場，共五場。讀者可能以為我是瘋狂鳳迷，殊不知真正的死硬派鳳迷（die-hard fans）都是包「全酒」的——九場全都看，而且都是最高票價區；無法看全九場的鳳迷還會上官網自責一番。

一級的戲迷或劇評家，都最看重首演。不只是為了搶先機，也是為了首演最有飽蓄風雷的凌厲之氣，也最有「未完成」與「將完成」的張力。那是連歌手本人都會戰戰兢兢的。因此這次暗燈前，舞台布幕先出現鳳飛飛寫下的一段話：「每次上台前這一刻，即使準備再充分，我仍會手腳冰冷，緊張到無法呼吸……」

鳳飛飛這位沙場老將，在演出前仍會緊張到手腳冰冷？答案是真的，這不但是她每次演出都如履薄冰的極度專注，也是因為這次演出是最繁複、最華麗也最澎湃的一次。「然而，當幕一揭啟，你們毫無保留的熱情呼喚，卻立刻給我最溫暖的力量，推著我向前……」

字幕一落，開幕曲〈彩虹的呼喚〉竟以爆破之勢登場，鳳飛飛一身白軍裝，領軍帶著舞團唱出快歌。景片不斷閃現星星、彩虹、心型氣球的動畫，大砲射出無數螢光棒，觀眾舉手一撈就是一兩支，順勢揮舞，加入炫亮繽紛的嘉年華。接下來每一首歌都是全新唱腔，叫人心折骨驚，還沒看到三分之一，我就發現跟這次相比，〇三、〇五年的演唱會只是陽春版。這次她是鳳翼全開，不只再現《我愛週末》的氣勢，也帶來獅子座全盛時期的大豪華。在無數螢光色、糖果色的巴洛克中，不死鳥再度降臨。

原來鳳飛飛這次把郭子找來當導演，產生了重大的化學變化。當我在後來的台北場坐到中段座位看，才真正欣賞到舞台的驚人華麗。景片運用了安迪・沃荷後現代名畫的概念，以分格複製，將鳳飛飛的臉變成一種「超偶像」，一種icon。光看鳳飛飛唱〈楓葉情〉，背後打出巨大楓葉，將她變成夾在兩片大紅蝴蝶翼般的蝴蝶，就連我二十幾歲的朋友都深受震撼。

又如唱台灣民謠的〈想要彈同調〉單元，景片是老台灣版畫，描繪古早小吃攤、行人、老廟街景。搭配〈西北雨〉的凳子舞，還不斷打下閃電動畫。國語老歌組曲，則搭配老電影片段，譬如《三星扮月》中的周璇就唱出最早版本的〈何日君再來〉，而後鳳飛飛再出現，演唱她自己的版本——她這根本是在跟鄧麗君較勁！以她嚴謹的個性，敢唱此曲，就一定有她的把握。果真她唱出了她自己的韻味，尤其在曲終之時，又無字吟唱了一段R&B，餘音裊裊，令人低迴至今。

當然，最經典的就是在〇六年新加坡演唱會首度驚鴻一瞥，而今重現台灣的「幕後代唱」組曲了。電影布幕垂下來，林青霞開口唱著〈月朦朧、鳥朦朧〉，忽然幕後一盞燈映出鳳飛飛小小的身影，正「代唱」著自己的經典歌曲，其間MV般交織瓊瑤電影中俊男美女的片段，又令我二十幾歲的友人大嘆：「怎麼現在我們都沒有自己的愛情電影啊？」

一切的演出設計，豪華極豪華，細緻極細緻，看得出她不但是絞盡腦汁，也耗盡了體力。〇七這次不但沒有中場休息，連她在舞台上喝水潤喉的情景也不見了，她只能在「以秒計時」的換裝空檔喝點水。在唱〈來來來〉這首快歌時，更是人未到，聲先到——舞台上播放她電視上百變帽子造型，她在後台一邊換裝一邊唱，直到間奏倏忽以嬌黃蓬裙裝出場。

當然，也有鳳迷表示這樣的演唱會太熱鬧太浮華，讓她更想念〇五年的版本，比較深沈、懷舊。有的則覺得〇七比較好，展現了國際級製作的大氣。官網上兩種反應都有。但以我看，〇七年版本是對的。原因很簡單：趁現在有體力做這種盛大演出，就做。以後體力下降，再回復到素樸、瀟灑自在的演唱形式，也還不遲。

今年鳳飛飛是五十出頭歲。以後是否能看到她又唱又跳，如此飽滿緊湊的演出，誰知道？也就因為這樣的心理，鳳飛飛每一場演唱會，鳳迷都不想錯過，即使是完全一樣的曲目，一樣的說話橋段，也一樣要去，害怕著這就是最後一年的演唱會。

舞台人生就是這樣，其實是一個殘酷的競技場。老歌手舞台上一派輕鬆，其實背後的賣力與張力，不下於一個鬥牛士。她要奮戰，她要聚精會神，她流下汗與淚，她要戰到最後一刻。

這一切為的是什麼？

當然，鳳飛飛已經不是單純的個人，而是一種集體凝聚的力量了。她復出演唱，是一種對歌迷的回饋，是歌手與歌迷的交流，其中藏著無數祕密的手勢、眼神與暗號。

這是一種因果，一種彼此的還債。一種正面的，善的業報。欠歌迷的，歌手要還。欠歌手的，歌迷也要還。

而在回應鳳迷的呼喚之外，最重要的因素只有這一個——自己想唱。「不瘋魔，不成活」，天生的藝人都是這樣的。不管賺不賺錢，骨子裡只有一種驅動力，就是要去唱，去表現，歌迷的感動就是最大的回報。這是一種對於自己的愛，也是一種不辜負上天賜予自己才能的愛。

以最深沈的意義來說，表演慾不是一種做戲，而是活出一種英雄感(heroic)，將自己最好的品質與天分，以一種戲劇性的形式呈現出來，進而感動人，並對大眾做出貢獻。

每個人都需要一個「舞台」，在其中變成英雄，發光發熱。有的人的「舞台」是廚房，有的是職場，有的是部落格、電玩。有的人的「舞台」，就是舞台。

鳳飛飛的「舞台」就是舞台，在她身上就有這種英雄感。可能因為她是獅子座的關係，這種英雄感更為鮮明強烈。又因為她現在是「老英雄」，所以她每踏出一個腳步，都會留下重要的足印——珍貴的雪泥鴻爪。她從十幾歲出道的艱辛奮鬥，到五十幾歲還在攀越巔峰，都是鼓舞人心的，也是目前有點不景氣的台灣所需要的。

也因此當她在高雄首演，唱完第一段組曲之後要退到幕後，忽然雙腿彎跪下去，快要跌倒，但急忙滑跪到幕後的時候，引起了許多前排鳳迷的心驚膽戰，包括我也親眼目睹了。還好這已經是在舞台翼側，中排以後的觀眾並沒注意到。當然這引起了無數鳳迷在官網上的關切討論，熱烈到鳳飛飛不得不寫了一則短信，表示大家是虛驚，自己真的沒事，而且這是一項功課，「要我們學習哪裡跌倒，就在哪裡站起來。」

而當然這也就透露出鳳飛飛本人是多麼的在乎，多麼的自我要求。

我想也就是因為這樣，在高雄首演場的安可組曲之前，鳳飛飛講的那一段話，幾乎是有點氣急敗壞，有點衝動，有點失控的在透露她的心路歷程。她嚇死人的說，「曾經有很長一段時間，我都處在低潮裡。那時候我覺得，好像歌壇已經沒有我唱歌的空間了。有時候，我甚至覺得鳳飛飛這三個字，已經跟我沒有任何關係了。」

說到這裡，死忠鳳迷們幾乎不能呼吸了，連我也被嚇壞了。她喘了口氣繼續說：「但是，後來透過官方網站，有許多朋友不斷給我祝福，打氣，我才慢慢的走出來，逼自己每天固定運動、練唱。」她幽幽的說，有一些得了絕症的歌迷，一直寫信說希望能在有生之年，看到她的演唱會。這也更激起她辦演唱會的鬥志。而他們在看到〇三年的復出演唱會之後，就離開了人世。為了愛護她的歌迷，她要好好的唱下去……

珍惜生命，振奮自己，其實才是她這段話所要傳遞的訊息。之後出現的三段式組曲，第一首赫然就是她與去年英年早逝的馬兆駿合作的〈好好把握〉：「請你好好把握，千萬不要錯過，別讓美好時光溜走……」[1]

如果你是五年級生像我這樣，或者你經歷過身邊親友的生死滄桑，那麼你大概也會像我一樣，默默的坐在那裡，一直，一直流淚。

結尾的歌，就是馬兆駿作曲，鳳飛飛自己作詞的〈飛躍〉。我一邊流淚又一邊驚喜，因為那是我念高中時在收音機聽到，一再跟著吟唱的歌曲，不知道歌名，只知道意思大概是在天際翱翔又翱翔，所以最後R&B的無字吟唱很長，一段又一段的高低迴旋，就像是悠然的向前飛去。這首非主打的老歌，我也是在這時才聽清楚歌詞的意思：「當你要飛過那方，就飛在宇宙氣層上——啊～啊～啊～」[2]

這是只有很內圈的鳳迷才會知道的東西。這是你要懂得鳳飛飛的神奇轉音能變成一雙翱翔天際的翅膀，才會知道的東西。而如果你懂得，你就會知道這首鼓勵人們向未來飛躍的歌，在此變成了送行的祝禱。但歌聲本身就是生命，不斷奮飛，不斷翱翔。

當然後來又參加其他場次的鳳迷們，像我一樣，都知道那一段看似脫稿演出的談話，其實是經過斟酌良久的心內話。鳳飛飛在下一個台北場，一樣的內容，說出來的語氣就氣定神閒，就很肯定的是一種對於人生的鼓舞。她是把自己的人生經歷，以勇敢面對的態度與觀眾分享，讓有同樣感觸的鳳迷們一樣能度過低潮，繼續追求珍貴的幸福。

而資深鳳迷們，要在第二場乃至第九場的重複談話之後，才悟到鳳姐在高雄首演的那段話中有點太重的語氣，其實是由於真的太過勞累，在鼓舞我們的同時，不小心洩漏出了對我們的撒嬌。

——原載於二〇〇七年十一月十日《中國時報》人間副刊，原名〈不死鳥的華麗冒險〉

地母與超人

談鳳飛飛演唱會的幾首歌

地母之歌

我在鳳飛飛二〇〇五年演唱會上，第一次聽到她唱沖繩民謠〈花〉（Hana），此後一直魂牽夢縈。去了三場演唱會，每次聽都覺得好，每次都覺得聽不夠，抓不到其中的神髓。

後來資深鳳迷告訴我，她在一九九四年的《驛站》專輯就清唱過此曲。我也沒有特意去聽，後來隨意碰上了，就聽聽這個更早的版本，才發現其中的差異很大。對我來說，根本是不同的兩首歌。

當時鳳飛飛清唱〈花〉就很即興了，她在唱片中這樣寫：「六月十七日凌晨三點多，在錄音室一時心有所感，即興清唱，因為喜歡其中的情緒，故保留在這裡。歌詞謬誤處就別見怪吧！」

這個版本比較激昂快速，偶爾會有一種哭腔似的變音。但是〇五年演唱會她唱〈花〉，變得悠緩深沈，只有吉他的簡單伴奏，配上小鈴聲作為節拍，也差不多像清唱。年華似水流過十一年，這時候她放得更慢，不但放掉哭腔，還顯示了一種「鬆」，這是她到了五十歲之後才領悟的境界。她讓「鴨子聲」出來（她兒子笑稱她聲音像鴨子叫），那微微暗啞的低音就是一隻鴨子在輕鬆徜徉，順著溪流時而東，時而西，時而高，時而低，水下的雙腳其實用力划水，很有技巧的擺動。

這時候她真是爐火純青了，唱出了歷經滄桑而一切釋懷的豁達。低沉，暗啞，似吟似哦的唱出生死的奧祕，就像原曲歌詞中說的，像花兒那樣去盡情的哭、盡情的笑。

此時她像是個巫者了，一個部落中安撫人心的女巫醫，她在告訴你人生自然變化的道理，去接受，去大哭，去大笑。而這一切都含在更廣大的自然裡。我們逃不出大自然的生滅循環，但我們也一直被擁抱在大自然的懷中，因此「去哭吧，去笑吧」。

一個女巫般的地母。

我曾在別篇文章提到鳳飛飛是台灣最有「地母感」的歌手，在這裡可以好好說明一下。像她在這首歌裡呈現的就是有「地母感」。但此曲的「地母感」是在最高的層次之上。這不是像鳳飛飛唱〈心肝寶貝〉那樣是在情感層次上演繹，唱出一個母親的心聲，而是更上升到靈性層次，如同大地之母一樣的擁抱生命、詠嘆生命，唱出一種更深沈的智慧。

這種歌能測驗出一個歌手的生命歷練，她對人生的了解有多少、有多深。何以鳳飛飛在一九九四年要選這首歌清唱，放在自己的專輯裡？這就是她自己的選擇，她的悟力。而後二〇〇五年演唱會，她還要唱這首「非主打歌」，可見她的偏愛。而果真，她的表現深深打動了人心。

我說過鳳飛飛的歌聲是一種台灣之聲，早已存在我們潛意識的記憶裡。原因之一是因為她的聲音具有大地之母的溫暖、親切、和煦。

比之年代較近的江蕙，她的歌聲也是有一種地母感，一樣是台灣重要的聲音，只是比較偏向台灣的悲情面。另一個不同處，則是鳳飛飛在〇五年達到的這個靈性的層次。

地母感，不是只唱一些親情的歌就會有的。〈心肝寶貝〉讓人想到母親的愛，但這還不足以說明鳳飛飛大地之母的豐繁特質。這首歌大致可歸於第一種層次，也就是表現親情的情感層次。當然這首歌有些段落也觸及了生命的神祕，如：「日頭出來，日頭落山，日子攏安呢過。花謝花開，天暗天光，同款的問題。」[1]這些都是永恆的大哉問，也不是一般母親教給小孩的生活小常識。生活小常識易懂，人生大哉問難解。

第二種，則是土地層次。譬如鳳飛飛藉著六張台灣民謠專輯，將台灣往昔珍貴的聲音保存下來，又有著台語原味，這也是有「地母感」。〈思念的歌〉叫人懷想台灣大地，往往叫身在異鄉的台灣人聽到落淚。

事實上，鳳飛飛幾乎每一首台灣民謠都給人「地母感」，聽了窩心，彷彿得到了母親的撫慰。

又如〈出外的人〉，雖不是台灣民謠，卻說中離鄉工作的遊子心聲，也是一首「地母之歌」。

但是到了〈花〉，這種地母感已經超越地域，進入了第三種層次，也就是普世共通的領域。這跟台不台沒有關係，也跟台灣土地沒有必然關係，而是直指人心、世界、宇宙。這時候，大地之母的「大地」，指的不是特定哪一塊土地，而就是地球本身。這時候，大地之母的眼光愛撫著地球上任何一個地方。這時候，大地之母露出她最內在的本質——她是女神，超越了時間與空間。

當然，日本跟台灣有很深的淵源，所以可能我聽〈花〉的感動也有地域性的影響。但是〇五年演唱此曲的鳳飛飛，已經超越了日本哭腔，轉成自己的感悟之聲。那歌聲已經是世界性的，不限地域。不太需要知道歌詞的意思，只要聽到她的歌聲，就能被感動。

臻至靈性境界的女神，不一定要像恩雅那樣唱著祥和電音伴奏的歌曲，而是可以很簡單的，只用吉他伴奏的清唱，就能撫慰人心。

張愛玲在〈談女人〉一文中把「地母」說得非常清楚：

男子偏於某一方面的發展，而女人是最普遍的，基本的，代表四季循環，土地，生老病死，飲食繁殖。女人把人類飛越太空的靈智拴在踏實的根樁上……

超人是男性的，神卻帶有女性的成分，超人與神不同。超人是進取的，是一種生存的目標。神是廣大的同情，慈悲，了解，安息……

女人縱有千般不是，女人的精神裡面卻有一點「地母」的根芽。

穿著改良和服的鳳飛飛，悠悠吟唱這首歌，就進入了這種靈性層次，慈悲擁抱生死流轉。那鈴聲有一種召喚感，就有如大地之母，召喚著還不懂如何大哭大笑的人們。其實在地母的懷抱中，我們什麼都不必擔心的。我們是被愛的。

鳳飛飛在唱這首歌時，與其說是像一朵「花」，還不如說是讓花朵流動於其上的河流。她這時候是「河流」，流動、包容、永恆，低低的貼近大地，甚至深入大地。

鳳飛飛演唱此曲並不是清淡的低吟而已，而是每個施力點都用得很精簡，很巧妙，尤其在結尾時是相當有力的流動而去。她從腹部很結實地發出有力的吟唱，令人暗暗驚覺：原來一條清淺的小溪，也是來自無邊無際的大海！

我聽過日本年輕歌手夏川里美現場演唱這首歌的版本，但是她就像新開的花，清亮圓潤，但很難傳達出那種沈穩開闊、綿綿不絕的韻味。又周華健的〈花心〉就是改編自此曲，只是原曲的味道並沒有保留，詞意也完全不同了。

再用一個比喻吧：西班牙有一首民謠〈鴿子〉，兩個名導都在電影中採用過。王家衛在《春光乍洩》中用了國寶級歌手 Caetano Veloso 年輕時灌錄的版本，聲音優美無瑕至極，管弦樂也豐富磅礡。而在二〇〇二年，阿莫多瓦則乾脆請來這位歌手本人，在《悄悄告訴她》片中，以簡單的吉他自彈自唱。這時他已經六十歲了。他的歌喉沒有年輕時的優美清澈，但是一種滄桑感別有風味，越聽越有味道。那成了一首被歲月之河浸潤過的歌。

一方面我們要抵抗歲月，一方面我們要順隨歲月。因此鳳飛飛演唱這首歌給我的啟示不是花，而是河流。花兒紛紛開且落，河流卻悠悠流動，綿長不絕。人世變換，一切盡在大地之母的懷抱中。

超人之歌

二〇〇八年十二月的新加坡萬人演唱會，鳳飛飛祭出了最新的一招——「鳳飛飛模仿鳳飛飛」。

在這個單元裡，她先演唱七〇年代舊版的〈夏日假期玫瑰花〉。在懷舊的燈光下，懷舊的電吉他丟丟咚咚的開始，她用當時的唱腔唱出來，模仿以前的自己。果真，我們覺得有點舊了。然後她再唱新版的〈夏日假期玫瑰花〉，旋律與唱腔都脱胎換骨了，我一聽完也脱胎換骨了！

真好啊，我像是一朵新開出來的花兒了。

好樣的鳳飛飛，在人面桃花裡，她讓一朵玫瑰再次盛放。

事實是，那流暢優美的配樂一出來，就讓人心醉了，而同時我也覺得是這新唱法比較好聽。人嘛，都是與時俱進的。我可不想當一朵乾燥花，成天聽著放到快爛掉的老唱片。

你拚命的追，我拚命的跑，跑跑追追情兒難了。❷

這句歌詞且讓我改成：「人拚命的追，時間拚命的跑」，我們總是在與時間賽跑，「跑跑追追情兒難了」。只是這裡的情，可是拚命的奮鬥之情啊！

在這首新版老歌裡，我聽得見鳳飛飛與時間賽跑的聲音，她要揚棄過去，擁抱現在的鬥志。當然，死忠鳳迷都知道在二〇〇五年演唱會時，她就已對這朵花吹了山氣，讓它起死回生了。

還沒完呢。鳳飛飛接著又來了一首舊版的〈真情比酒濃〉。喔喔，原來那時候的開頭旋律都是一陣懷舊的喇叭聲，叭啦叭啦的來了。舊版是當時的芭樂歌，其實也很好聽，是當時典型的風格。只是，鳳飛飛隨即來了個新版，而這個新版來得又猛又炫，一陣風狂雨驟，彷彿把我吹到了一個意外的颱風天！

鼓聲強勁，節奏超快，唱腔全變了，間奏時鳳飛飛即興的「嗚～耶～」超ROCK，超迷幻的！那唱腔昂揚拉長，彷彿一隻動畫火鳳凰噴射飛去。原來像是陳腔濫調的歌詞，現在聽來彷彿藏有什麼神祕的意義在裡面，而且我們都忽然懂了。

這其中的奧祕，就好像年輕人在談戀愛時，說的話又簡單，又陳腔濫調，但是每一句話都陶醉不已。外人不會懂，因為沒有沈浸在愛河裡嘛。但沈浸在愛河裡的人們，就會覺得這歌詞說中自己了。對啊，你的心映在夢中，我的心也映在夢中，我們心心相映……

鳳飛飛將靈魂注入這首歌裡，讓我們又重新感動了一次，進入了好似年輕人戀愛的那種感覺。對啊，我們又愛上這首歌了，我們又懂得那個奧祕了。

這是舊瓶裝新酒了！

舊歌裡，有了新的靈魂。而我們好似舊瓶子的身體裡，又裝滿了新酒。我們又懂得「真情比酒濃」的意思了。

因為我們再年輕了一次。

這可不是因為鳳飛飛帶我們回到舊日的情調，反而是揚棄舊日，擁抱今天，讓我們的心與現在的潮流「相映」，我們才又再年輕了一次！

藉著這個大膽的「模仿」，鳳飛飛擺明了她不是來辦「懷念老歌」演唱會的，她是要有新意才要唱的。唱罷她甚至說了「重話」：「人都是從『笨』變到『聰明』的，沒有從『聰明』變到『笨』的。」言下之意，她對於回到過去的「笨」並沒有什麼興趣！

也正因此，我才佩服鳳飛飛與時俱進的精神。要與時俱進，其實非常困難，需要有一種超人的精神。

什麼是超人？以五十之齡再戰舞台，完全唱現場，這就是「超人」。

以新的鳳飛飛顛覆舊的鳳飛飛，這就是「超人」。

超人是積極進取的，挑戰不可能的。超人也是男性的。

在這裡我們看到鳳飛飛既有「地母」的一面，也有「超人」的一面。鳳飛飛真是雌雄同體的，而且她展現的幅度大極了！

她可以沈到〈花〉那麼低的河流裡，沈到身為人母的溫柔裡，沈到大地裡。她也可以飛揚到像超人的境界，像二〇〇八年版的〈夏的季節〉、像邊跳凳子舞邊唱的〈西北雨〉、氣沖雲霄的〈另一種鄉愁〉，都強勁有力，整個豁出去了，令人覺得她真是個超人。

以這種觀點來看，鳳飛飛從二〇〇三年演唱會之後，每一首都可以説是帶有「超人」的特質。不同的只是程度的差異，譬如説哪一首變動最多，哪一首改編得較少。

然而，如果一定要選一首最有代表性的「超人之歌」，我會選二〇〇三演唱會的開幕曲〈溫暖的秋天〉。

經過了多少年的等待，千呼萬喚，這首久別重逢的第一首歌，一定要是一記殺著！而鳳飛飛沒有選錯，這首呼應大家人到中年的心境的歌曲，一開始不疾不徐，後面卻藏著數不清的變化。

「溫暖的秋天，秋天裡許心願。」[3]歌曲低沈起音，忽而瀟灑跌宕，然後越來越盪氣迴腸，後勁越來越強，那隻鳳的振翅越來越近了，彷彿所有葉片都捲裹在大大小小的秋風裡，千迴萬轉。每一顆音符都被琢磨，每一片落葉都被愛撫，每一個鳳迷都被眷顧。

鳳飛飛與鳳迷彼此呼喚，相互確認真情，這一切都在歌聲裡被完成了。多少年的滄桑苦楚，都被寬容了。那歌聲很清楚的告訴你，鳳兒會與你共續前緣，會再飛出一股力量，一股溫暖。

在生命的秋天裡，那隻鳳又飛回來了。在鳳凰巨大的羽翼下，鳳迷的心就像無數落葉在飛舞，每一片落葉在風中的姿態都不一樣，每一片落葉都各有各的心境，各有各的感動，各有各的故事。

現場的鳳迷沒有一個能抵得住，都要像一片片落葉在風中飛舞。

在所有鳳迷的感動淚水中，一個超人誕生了。那不是一個無敵美少女，也不是一個熟女，而是一個歷經更多風霜歲月的老超人，以驚人唱功震懾全場。在那個當口，鳳凰浴火重生的神話，成真了。

鳳飛飛的超人狀態不是天生的，而是苦熬出來的。而最能體現這種超人精神的歌曲，就是千錘百鍊的〈溫暖的秋天〉。

它的力量實在太強了，直到現在，我仍然為它深深感動著。我想我大概就像那片葉子吧，葉片裡刻著一段誓言，那印記就像葉脈一樣深，一樣自然，也許本來就是長在我心裡的。

童女、少女與熟女

買了 iPod 之後，最開心的事就是避開捷運上的嘈雜聲了。固然我對三姑六婆的「破豆」、情人的甜蜜爭吵、中學生的吱吱喳喳也有興趣聽，有時是順便了解人情世故與當日新聞，有時是帶著人氣溫暖的催眠，但當七嘴八舌實在太吵時，我終於可以戴上耳機將它們隔離在外。尤其〈涼啊涼〉便是我「心靜自然涼」的密招。

但為何是〈涼啊涼〉呢？我最喜歡的是這首歌的節奏感，它輕快自然，滴滴哩哩的混了當時流行的迪斯可節奏，襯著捷運窗外飛快刷過的風景，讓我覺得搭車是愉快又熟極而流的。我聽過一遍又一遍，車廂的移動宛若遊龍而窗外翩若驚鴻，忽然就到站了，我繼續邊走邊聽，腳步也跟歌曲一樣輕快，直到非得拿下耳機為止。

除了美妙的節奏感，鳳飛飛嬌甜可愛的演唱方法，我還覺得〈涼啊涼〉的親切感勝過〈夏豔〉與〈夏的季節〉，因為「涼啊涼啊涼　涼啊涼」好像夏天賣冰的小販的叫賣聲，叫著當時台灣的街頭情景。

「涼耶喔！」「甲涼耶喔——」現在很少那種叫賣冰棒啦，冬瓜茶、冰茶的小販了，那種親切的叫賣聲也越來越少了。我不再像童年時那樣跟街頭的攤販買冰，而是到 7-Eleven 買思樂冰，看著思樂冰從機器中一條軟軟垂下來，灌滿塑膠杯。其實我是跟機器買冰，而不是跟人買冰。以前的那麼一點人情味消失了。

涼啊涼啊涼　涼啊涼　陣陣涼風吹得我喔喔喔——④

這樣的歌詞讓鳳飛飛盡情發揮她的即興唱腔。她的無字吟唱向來是一絕，無論是「喔喔喔」、「耶耶耶」、「啊啊啊」、「嗚嗚嗚」都精彩無比。「吹得我喔喔喔」——「我」後面已經沒有歌詞了，只有燥熱中吹來的一陣涼爽暢快！

「涼啊涼啊涼　涼啊涼」，妙就妙在「涼」字的發音是國、台語都一樣，所以沒有語言上的隔閡，國語人台語人都聽得懂：涼啊！

涼啊！cool 啊！

鳳飛飛在〇三年復出演唱會上唱這首歌時，就加了「來喔，涼一下！」」的台語叫賣聲，好像往昔的攤販似的，令人倍感親切。她這也是即興，自己應景就加了，非常自由。

〈涼啊涼〉來自《夏豔》（或稱《仲夏》）專輯，其中有三首歌都是讚頌夏季的，除了這首，還有〈夏豔〉、〈夏的季節〉。但我還是最愛〈涼啊涼〉，就因為這種輕快的節奏，還有其中的一股甜味。鳳飛飛在演繹〈夏豔〉、〈涼啊涼〉的時候，採取嬌俏可愛的唱法，這又不同於〈夏的季節〉。〈夏的季節〉有勵志精神，所以採取比較沈穩有力的風格：「雖然你我偶爾想起痛苦，但是千萬不能拒絕幸福。」[5]但細分起來，〈夏豔〉又比〈涼啊涼〉更可愛、更小女孩，因為要唱出「螃蟹的左手卡，卡，卡！」「澎湃的浪波澎，澎，澎！」「夏豔的感受真，正，多！」[6]的頓點，詞意也有點卡通。

這樣說好了，〈夏豔〉是小女孩，〈涼啊涼〉是少女、而〈夏的季節〉是熟女。三首詠唱夏天的歌，鳳飛飛用了三種方法來詮釋，「一氣化三清」，以一人的歌聲氣韻化為三種炎夏中的清涼，美妙極了。

國中、高中時期我大都騎腳踏車上下學，而我總是邊騎邊唱著流行歌。後來上大學之後騎摩托車，也一樣會邊騎邊唱，一樣能體會那種涼風迎面吹來的快樂，這其中有好多都是唱鳳飛飛的歌。在台中市區騎著單車，唱著鳳飛飛的歌，家總是很快就到了。後來我假日的時候有少數幾次的冒險，從中正路騎著騎著，離開了市區，迎著陽光騎去，竟然一直到了烏日——那對我來說就是很遠了，花了大半天了。

如今好久沒有騎單車的我，如何再回到踩著單車的少年時代？那少年的歲月啊。

在一九八四年夏天推出的《夏的季節》號稱是以完整概念打造的，而的確在賣座與品質上都得到成功。《夏的季節》就是充滿台灣的南國風味。台灣本來就比較溫暖，有時還有濕熱的特性。然而這張專輯除了呈現台灣副熱帶氣候的特色，還採用了夏威夷的熱帶特色。〈夏豔〉一曲的鼓聲、音樂聲，就是帶有夏威夷風的。

以前的劉家昌時期比較傷感，刻意營造一種台灣其實沒有的寒意，與寒意中的溫暖，所以有「深秋楓紅層層」[7]、「深秋楓又紅」[8]等歌詞。劉家昌作詞作曲、鳳飛飛演唱的〈溫暖的秋天〉是我所鍾愛的歌曲，不過我還是必須老實的說，台灣的秋天其實並不冷，所以說「溫暖的秋天」倒也沒錯。只是那時候，秋天的歌未免也太多了一些，好像不到秋天就不能浪漫似的。這時候，讓鳳飛飛大唱夏天，不但一新耳目，也更深入鳳飛飛自己的本質。夏天正是獅子座的季節，獅女鳳飛飛，此時在夏天的歌曲中綻放光芒，是更自然不過了。這張專輯是夏天發行，既應景入時，也正是獅子座如日中天的強盛時光。

在另一方面，這其實也是對於當時台灣流行的「校園民歌」的一種曲折的回應。因為當時的校園民歌與歌聲中的「鄉愁」走得比劉家昌的秋天更遠，更「浪漫」，大學生年紀的歌手唱著自己去都沒去過的長江、黃河。作詞人本身從長江、黃河的故鄉來，因此懷舊，這很自然，但是根本沒去過的年輕人也在那裡講「鄉愁」，其實有點奇怪。

針對這樣的景況，《夏的季節》直接坦露台灣的特色，並由鳳飛飛唱成國語歌。這是經過歌手、製作人、作曲、作詞、編曲人的一番思量，才有的大膽嘗試，而一舉奏功。

在當時講台語、唱台語歌會被認為是「低俗」的時代，鳳飛飛必須在夾縫中求生存。尤其是「校園民歌」當道的時候，鳳飛飛與製作團隊想必有過一番思量。好，鳳飛飛是不太能唱那種「純正」的、「大陸鄉愁」的民歌（當然她也唱過〈我是中國人〉），可是這時候校園民歌正紅，是很龐大的潮流，那麼她該如何因應呢？幾經思量，乾脆瀟灑的接受自己，回歸自己，唱出台灣的氣候，台灣的特色，也就是台灣的夏天！

因此在這裡必須釐清的一點是，與其說鳳飛飛跟「校園民歌」有對立的關係，還不如說是對照的關係。在《夏的季節》的前一張專輯，正是一九八三年的《出外的人》，此張專輯中已經有民歌大將馬兆駿作曲、童安格作詞的〈好好把握〉。也就是說，鳳飛飛這時候已經跟校園民歌手合作了。

涼呀涼呀涼，涼啊涼，陣陣涼風吹得我從單車族變成捷運族。涼呀涼呀涼涼啊涼，陣陣涼風吹過一個個汗流浹背的夏天。涼呀涼呀涼，涼啊涼，陣陣涼風吹過風雲變換，然而歌中的少年永遠騎著單車，不會消失。

愛不完的鳳迷

套句鳳飛飛的名曲〈沒有泥土哪有花〉，沒有鳳迷，哪有鳳飛飛？三、四十年來，無數鳳迷以恆久的熱情形成沃土，讓鳳飛飛的歌聲像明媚花朵般，不斷綻放，不斷散發芬芳。

「鳳迷」是台灣的一個文化現象，也是華人世界絕無僅有的歌迷力量。歌迷的數量實在難以統計，但是以歌迷的「資歷」「年齡層」與「熱度」而論，鳳迷應該居華人流行音樂之冠。「鳳迷」是台灣追星族的始祖，也是七、八〇年代最龐大的歌迷群，但是當時各地都有鳳迷俱樂部，分散零星。在一九八三年才終於整合為「鳳之友聯誼會」，而在二〇〇一年正式更名為「鳳友會」，因此此會成立至今已超過二十五年。

鳳友會之外，更有許多從鳳飛飛出唱片之後就開始著迷，此後大半生不改其志的死忠鳳迷。像這種鳳迷的資歷就跟鳳飛飛出道的年份一樣久，到目前已有四十年。這些沒有在「歌友會」編制裡的鳳友為數更多得多，其支持程度也相當驚人。此外，更遑論沒有參加演唱會，也沒有浮出檯面的「隱性鳳迷」了，他們的情感不見得少於演唱會觀眾。

以鳳飛飛二〇〇七年的台灣巡迴演唱會來說，一共九場，總計票數兩萬八千多張，也就是說，有大約兩萬八千人次算得上是「鳳迷」，總票價約為七千五百萬元。一位五十多歲的歌手而有這麼多觀眾，又是一個台灣第一了。

即使費玉清或蔡琴，也不能有像鳳迷這樣的熱情與忠誠，起碼在年數上就不能比。張惠妹也許歌迷數量與熱度驚人，不過她出道才十年，將來還待觀察。就像許多五年級生所感慨的：「我女兒才二十歲，偶像已經不知換過多少個。」因此鳳迷對鳳飛飛的迷戀，四十年如一日，在現在台灣才更是彌足珍貴，也是台灣唯一僅有的。

如何解釋這樣的戀慕？

我最先想到的，大概是老台灣的溫情吧。

然而再想想，若只以溫情來解釋，又嫌不足，這裡面的因緣千絲萬縷，不能一概而論。「鳳情千千萬」，鳳迷也是千千萬，各有各的迷，各有各的夢，不盡相同，也難以盡述。

二〇〇六年，我在《中國時報》發表了五千多字的散文〈流水年華鳳飛飛〉，就有鳳迷輾轉查到我的 e-mail 帳號寫信給我，內容很簡單，只是為了跟我說聲謝謝。當然更別提該文被一再刊登在鳳飛飛的官網上，鳳迷們歡欣鼓舞的討論，有的說：「真是知己！」有的則是敘述買報紙的經過。有的鳳迷錯過了那兩天連載的報紙，隔天買不到了，就乾脆殺到報社，將剩下的所有報紙全數買下，讓報社的人吃了一驚。

事實是，許多死忠鳳迷在鳳飛飛發片時，都起碼買三張，一張永不拆封當壓箱寶，一張拿來聽，一張拿來送人。像買報紙這種事，猶其餘事而已。

〈流〉文登出後，也引起英文版的 *Taiwan Review*（《台灣評論》）的注意。這本新聞局所辦的月刊，是台灣文化對外的國際窗口，記者高志仁因此想要做鳳飛飛的專題報導。他除了與我電話聯繫，後來也來到淡水，在金石堂咖啡廳採訪我，我們聊了將近五個小時。此外他也訪問了聞天祥。高志仁也與鳳友會的人聯絡，想採訪鳳飛飛本人而未果。高志仁在與她們接洽過之後，笑笑的跟我說：「哇，她們簡直是禁衛隊。」她們非常認真的把關，不希望記者對鳳飛飛有任何偏頗的報導。

Taiwan Review 是英語刊物，沒有中文翻譯。文章刊出後，官網上立刻就有人將它翻成中文貼上去，與鳳迷分享。

像「禁衛隊」這種事，我也覺得是像青少年迷偶像的那種迷法，因此有一種護衛偶像的死忠熱情。也就因為她們都是四五十歲的人了，這種行為才真的可愛、感人。鳳友會會長林立欣、主要會員陳少菁等人，每當鳳飛飛在海外演唱，就組織「彩虹專機」，找旅行團幫忙，為鳳迷們服務，包括辦護照、訂飛機、訂旅館、安排當地小旅遊等。〇六年有新加坡團、馬來西亞團。〇七年則有上海團、美國賭城團。上海團就有六十多人，這還不包括不跟「彩虹團」而自己飛去的鳳迷。

當然在台灣，像台北場、台南場、新竹場等，也都有「彩虹專車」，以包遊覽車的方式來接送從外地遠道來參加的人。這一切都是非營利的，任勞任怨的。像發螢光棒也是，都是鳳友出錢捐助，好讓演唱會時人人皆有一支可搖。

然而這些鳳友並不是貴婦團，有的人生活並不寬裕。有不少人是因為要看鳳飛飛在海外的演唱會，才生平第一次出國，到新加坡、馬來西亞（二〇〇六年）或上海、美國賭城（二〇〇七年）。更多的鳳迷是社交活力不強的宅女宅男，平常省吃儉用，只為了購買鳳飛飛的唱片或演唱會門票。

飛到國外如新加坡、上海、美國賭城的鳳迷們，泰半就只是為了看鳳飛飛演唱會。除此之外，她們並不出國。

鳳友會前身，是分散高雄、台中、台北各地的歌迷俱樂部，在全盛時期，光是台北就有三個大型的鳳迷俱樂部，各有特色，此外像新竹、桃園等也有，更遑論中南部了；後來這些分散的俱樂部，在一九八三年八月七日整合為「鳳友聯誼會」，簡稱「鳳友會」。那次是鳳迷們在台北來來香格里拉飯店，為鳳飛飛舉辦三十歲的慶生會，她難得現身與大夥相聚，就趁此定名成立——事實上這種見面會相當少。鳳飛飛不讓唱片公司或經紀人介入鳳友會，因此沒有商業氣息。少少的七次慶生會，並非每一年都舉辦，除此之外，鳳飛飛也沒有什麼「見面會」或其他定期的活動。

鳳友會還有一個重要的功績是架設官方網站，除了詳盡呈現鳳飛飛的歷年唱片、表演年鑑等資料，在裡面還有留言板，充滿了無數鳳友真情的留言。

鳳飛飛本人常說，她每一則留言都會看，而且在她低潮的時候，就靠著這些熱切的呼喚得到溫暖，進而鼓舞自己。

很難想像，「網路」在鳳飛飛與鳳迷之間，也扮演了關鍵性的角色。本來「鳳國子民」都流離失所了，早以為自己是沒人知道也沒人在乎的老人，聽著「老掉牙」流行歌的怪胎，老覺得就是自己一個人在默默的聽，身旁沒有相同嗜好的人。而鳳國主子本人芳蹤渺茫，幾乎從不寫給鳳迷隻字片語，也不在媒體露面。「鳳國子民」覺得鳳飛飛大概就這樣退隱了，他們所能擁有的，就是不斷被時代沖刷得越來越遠的回憶而已了。

他們所能做的，就是癡癡的在官網上留言，而沒有期待任何回應，因為鳳飛飛本來就很少給予文字回應，又長期沒有表演。他們頂多就是相濡以沫，與少數同好們聊著有關鳳飛飛的事。那種感覺，的確很像是癡人說夢了。

沒有鳳飛飛演唱會的生活，大家過了二十三年。而她不在電視曝光，也有大約十年。這中間的日子，就好像失去了重心一樣，無聊的生活著，悵然又惘然，眼看著大家一個個老去，一個個死去。其中也有苦撐著的人，默默的在電腦前抒發自己的心情。像仙人掌那樣，藉著老唱片的點點滴滴，在荒漠中維生。

女王在哪裡？過得好不好？鳳迷分別在世界的某個角落，孤獨的想著這個問題，孤獨的懷念著。漂流的子民，以為那個國度早已消失了，以為自己早就是孤臣孽子了。

他們不知道的是，一直神祕低調的鳳飛飛，其實就靠著這些留言，從沈寂的谷底正在慢慢振作。她在秘密的聚集力量，默默的鼓舞自己，她被感動，覺得自己漸漸有光亮；她被推動，覺得自己有責任。她正在非常費力的，一步一步，慢慢爬起來。

這是一段非常艱苦的過程，也許比以前出道時還困難，因為以往清亮的聲音沒有了，許多高音拉不上去。起初發現聲音沒有以前緊實純淨的時候，那必定是一種驚愕、失落與痛苦。如果要繼續唱，她必須降key，並改變唱法。

我想有一段很長的時間，鳳飛飛都在祕密的奮鬥著，她在重新鍛鍊自己，苦思一個重新突破的方法。她從谷底吃力的振翅，一次又一次嘗試飛翔，而「鳳國子民」完全不知道。

這一切在二〇〇三年，當鳳飛飛宣布要開演唱會時，所有鳳迷長期壓抑的熱情，剎那引爆了！

二〇〇三年的爆發力太強了，因為它蓄積了太多太久的能量，而在一個時間點爆發出來。資深鳳迷芬芳說：「那是二、三十年的期待。這種期待可以戰勝任何一件事。我太驚訝了——怎麼可能再看到她？她真的要出現了嗎？這是真的嗎？」

她的口氣彷彿是情人久別重逢的大震動。失散二十年的情人，居然還活在世上，而且馬上就要見到面！

因此當鳳飛飛的身影出現，唱出〈溫暖的秋天〉，幾乎所有的觀眾都哭了。她們拚命的鼓掌、大聲呼喊：「鳳姐加油！」「鳳姐我愛你！」「鳳姐你最棒！」

那是一股非常強大的氣場，迴盪著二三十年的回憶與感動，歌聲、掌聲、淚痕重重交疊。鳳飛飛也沒有讓鳳迷失望，精彩連連的演唱，讓鳳迷驚喜萬分。

文文特別給我看一張〇三年首演場的報紙攝影，那是鳳飛飛在出場演唱〈溫暖的秋天〉時，一見到熱情的觀眾就激動掉淚，右手拿麥克風，左手伸直用力握拳，想要拚命忍住淚水的畫面。台下前排的觀眾也全都哭了。

鳳飛飛根本無法順暢唱完那首開幕曲，因此演唱會實況DVD收錄的〈溫暖的秋天〉並不是首演場的。六年級的紀錄片導演侯季然也在場，他也跟我說在場的觀眾全部哭成一片，那種感人的情景是前所未有的，全場籠罩在溫暖、振奮、激動裡。

在那驚人的氣場裡，「鳳國子民」重新復國了，一切又回到歡樂明亮的世界，只是其中多了人生的滄桑、時間淬煉之後的珍惜、久已不見的台灣溫情。鳳迷又活過來了，又再度年輕，「有真情，有活力，有意義」。

官方網站霎時湧入海浪般的留言，人人訴說自己的興奮與感動。在一場又一場的演唱會期間，鳳迷們透過網站、演唱會現場彼此結識，重新建立群體的力量。在二〇〇三年之後，也才開始有以鳳飛飛為主題的部落格，新舊鳳迷們透過部落格分享資訊、聯繫感情，不但形成網路社群，也有不定期的聚會，結識來自四面八方的鳳迷朋友。

〇三年鳳飛飛的復出演唱會對鳳迷太重要了，因為就是這個演唱會，才把無數原來彼此不認識的鳳友們串連起來。原來大家都以為自己是孤獨的在喜歡著鳳飛飛，但在二〇〇三之後，才知道原來知音這麼多，大家就進而認識了。

目前鳳迷開的部落格約有一百個，皆以鳳飛飛為主題，各有特色。這些格主往往會彼此聯絡，成為或親或疏的朋友。像薛爸的「飛藏鳳閣」部落格，就是一個提供極為豐富的影音資料的管道，也是不少鳳迷與朋友交流的地方。事實上，連鳳友會也是因為二〇〇三年演唱會，才再度組織起來，成員人數大量增加。

大家漸漸變成朋友了。鳳迷終於發現自己有好多一樣的同伴，可以聯誼，一起去KTV唱鳳飛飛的歌，有的就漸漸形成一種不固定的支持團體。鳳友會並沒有定期的聚會，是隨機而有的，只要打打電話，或是在部落格上聯繫，就可在週末來場聚會。在鳳友會之外的鳳迷，也自己形成朋友圈，二三人、五六人皆可相聚，也常有不定期的聚會。

二〇〇三演唱會的力道之強，到現在都還餘波盪漾。鳳飛飛在台灣開了二〇〇三、二〇〇五、二〇〇七共三年的演唱會，但資深鳳迷還是認為二〇〇三年演唱會的震撼力是最永生難忘的。這是一種復活，歷經風霜之後的重生。

會買票去看演唱會的鳳迷，主力以四、五年級最多，尤其是四年級後段與五年級前段，這兩代族群此時大都生活模式固定，經濟穩定，是已有資歷的社會中堅，卻剛好也是中年危機的時候，生活有時百無聊賴，有時鬱悶失去重心。五十一年次的薛爸說，「像我們這種年紀，要交朋友真的很難了，因此碰到有相同喜好的鳳迷，就會非常珍惜。」

在鳳飛飛演唱會裡，能看見歌迷的年齡層展現出最大的幅度，三、四、五、六年級都有，這恐怕也是全台之冠。鳳飛飛本人也很清楚這現象，因此在二〇〇七年演唱會中，唱完獻給新生兒的〈心肝寶貝〉之後，緊接著就是應九十八歲阿嬤點歌而唱的〈西北雨〉，隱隱象徵她的歌迷從小孩到一百歲都有！

不過，鳳迷的大宗還是三十歲到五十歲的歌迷。她最紅的時期是一九七〇、八〇年代，因此歌迷以四、五年級生居多。而在購買唱片、參加演唱會的行動上，四年級後段與五年級前段堪稱主力。

有一個新加坡粉絲在官網留言之後，署名是鳳飛飛的 die-hard fan。這個詞不太好翻。大致可翻成「死硬派粉絲」、「打不死的粉絲」。「死忠粉絲」也可以，但 die-hard 本身沒有「忠」的意思。這個英文字，是在形容戰到最後一刻，永不投降的精神。

我喜歡這個詞。我也覺得所有的資深鳳迷，都是會撐到最後一刻的「死硬派鳳迷」，都是「愛不完的你」。

曾經刻骨銘心，所以永誌不渝。

鳳飛飛有所謂的「彩虹情緣」，這肇始於她主唱瓊瑤電影主題曲〈奔向彩虹〉，以及〈追隨彩虹〉〈彩虹的夢〉等插曲，連電視節目也以彩虹來命名。我想鳳迷的社會階層、年齡層、性別等，其實就像彩虹的光譜一樣，是廣大繽紛而多重多元的。

如今我看著過去的《我愛週末》《一道彩虹》《飛上彩虹》等電視節目的錄影，看著觀眾席那些清湯掛麵頭的女學生，那憨厚出神看著鳳飛飛的模樣，那熱情而又乖乖坐好的沈默面孔，有不少還戴著土氣的眼鏡，真是感觸良多。

她們連笑也是很守規矩的微笑，脂粉未施，彷彿一片灰撲撲的，內心卻藏著洶湧的熱情——那真是純樸的老台灣啊！滄海桑田，世事多變，然而這些大都是女性的觀眾裡，有許多蛻變成今年還在趕鳳飛飛演唱會的資深鳳迷，她們全都一往情深，不改其志。

如今她們變成什麼樣子了？

我去訪問了幾個鳳迷，想了解他們的世界。

亂語

有一天在台北中華電信局的 Giga 咖啡廳，剛好「鳳友會」有聚會，會長林立欣就請我過去。當我走進一個開放式包廂，我看見了林小姐、常在演唱會中搖旗吶喊的陳少菁，與常常在官網留言的「亂語」。

亂語就是一定要去看鳳飛飛錄影的中學女孩之一。她雖然每週都去錄影現場看，但她不坐在前排，因為她習慣站在豪華酒店的一個側旁，鳳飛飛會從那裡上下樓梯，她就可以與其他的鳳迷近距離看見鳳飛飛的模樣。錄影那一天，她放學後就直接跑去看現場錄影。

亂語當時的功課不好，父母就怪罪鳳飛飛。有一次在花蓮的一家飯店，亂語的爸爸竟巧遇鳳飛飛，便上前抱怨了一番。鳳飛飛後來就打電話到亂語家去，希望親口勸她好好讀書，誰知她當時正在鳳飛飛家「站崗」，沒接到電話，回家知道後先是不相信，確定之後就悔恨萬分，同時又覺得如夢似幻——「鳳飛飛竟然打電話給我！」但後來亂語還是收到了以鳳飛飛名義寫來的信件，她在父母沒收之前及早攔截下來，發現裡面有四張現場錄影的入場券，又轉悲為喜。

想當時的瘋狂哦！亂語可不是唯一在鳳飛飛家站崗的女孩，當時可是一大票女學生都這樣，只為了看到鳳飛飛出入家門的一眼。

不過彼時民風純樸，歌星沒有什麼被騷擾、自宅被闖入的情況。當時的人心善良到，鳳飛飛自宅前的轎車永遠都是簇新的，因為鳳迷每週都會偷偷將車子洗乾淨，甚至用自己的衣袖去擦亮車身。至於公寓靠門鈴上方的白牆，有一處特別鼓了起來，形成奇景，因為鳳迷老是去寫「飛飛我愛你」「飛飛你要保重身體」等留言，鳳家人久了就用油漆抹蓋上去，之後鳳迷又寫，又蓋，如此不斷重複，直到牆壁鼓出一塊來！

亂語其實曾經結過婚，但不久就離婚了。她至今一直單身，她認為這跟功課不好一樣，都是自己的選擇，並不是因為沈迷。但當時許多媽媽的確認為鳳飛飛「拐走」了自己的女兒，甚至讓女兒不去好好談戀愛、結婚生子。這種母女間的緊張拉鋸，到現在都還有。尤其現在五年級生女性不婚的很多，有些鳳迷的媽媽還會繼續怪罪，也沒意識到許多五年級女生早就認為與其嫁得不幸福，還不如不婚。

從另一方面看，鳳飛飛也許是果而不是因，是不婚考量下的一個感情出口，一個安全的戀愛。與一個讓你傷心勞苦的丈夫相比，這是一個永遠不會背叛你的安全戀愛。

這次聚會，我發現這些鳳友會的成員都頗有「男氣」，與鳳飛飛本人的「中性特質」頗有類似之處。裡面有一個二〇〇五年演唱會後才加入的鳳友「阿偉」，一頭狂狷的短髮，頗像歌手阿杜，也有人就直接叫她阿杜。

結了婚的鳳友，也都有不讓鬚眉的氣概。相當活潑，愛搞笑，她們本身是一個彼此情感交流、相互打氣的「支持團體」。

與鳳友會成員們閒話家常之後，我當天晚上就輾轉做夢，老是夢到這些人對於鳳迷的一種「魂牽夢縈」，夢境裡有許多故事與細節，譬如其中有「京城四少」要趕遠路去看鳳主子之類，要不就是夢見鳳迷如何的在夢中對鳳姐傾訴情衷。

在一個夜裡一直連續的有好多這樣的夢，然而醒來後就忘記了，細節抓不下來，只剩下一個大致的印象與情感氛圍。那是一種奇怪的壓力，並不會讓我不愉快，但是其中有一種沈重感，是因為過度情感而有的重量——「我有一顆紅豆，載著相思幾斗？」❶

文文

但鳳友會並不能代表廣大的鳳迷，也不是擁有最多鳳迷的組織，因為鳳迷遍天下，不一定人人都想加入組織。在鳳友會之外，也有許多自己形成的鳳迷小團體，沒有組織，沒有定期聚會，卻也形成一種相濡以沫的情感。

像在鳳友會之外，又屬於「另一系統」的死硬派鳳迷文文，就是一直維繫穩定婚姻的五年級中段生。長髮、戴眼鏡的文文一週固定有幾天都到東區的「加州」健身房運動，維持身材，模樣活潑親切，喜歡與鳳迷聊關於鳳飛飛的事。

文文說夫妻久了已經沒有愛情，是親情，但是她對鳳姐就是永遠有熱情。文文為了趕〇六年新加坡演唱會，又不能讓先生知道，於是就像間諜一樣，假稱要到南部喝喜酒，在二十四小時內從台北搭機到新加坡看演唱會，又搭機返回台北，到家時一副無事人的模樣，先生完全不知道。

從二〇〇三到二〇〇七年的每一場演唱會，文文幾乎無役不與，在家中卻神不知鬼不覺。

說話幽默好玩的文文說：「有的鳳迷為了聽演唱會，回去還被老公打呢。」二〇〇七這年在台灣一共有九場演唱會，「聽一次，打一次。聽九次就打九次！」她笑哈哈的說，讓我與其他鳳迷都笑了，真是苦笑又爆笑。

「還有一個老公，甚至追到鳳飛飛演唱會現場，就像抓姦一樣，眼尖的鳳友立即通報，那個鳳迷趕緊躲到女廁去，讓他找不到，才躲過一劫！」

文文分析說：「這種情況在南部比較多。所以鳳姐的演唱會，母親節最不好賣，因為這些媽媽覺得，女兒為了鳳姐耽誤了大半輩子，所以嫁不掉。」

文文是彰化人，後來到台北念世新三專，婚後一直住在台北。她從中學開始迷鳳飛飛的歌聲，「我準備聯考的時候都在聽她的歌，沒有聽她的歌，整個人就是會很不安！聯考前一天，我還在逛夜市，找她的卡帶呢。」

文文個性活潑而善言語，希望自己是鳳迷世界的「輔導員」，讓更多原來不知道鳳飛飛魅力的圈外人了解鳳飛飛。我笑著對她說「輔導員」怪怪的，乾脆叫「愛心大使」好了。

文文相當精細的計算鳳飛飛演唱會的成績，包括目前的「賣座率」與「吸金能力」。尤其二〇〇七年台灣正好是「三星齊聚」，鳳飛飛演唱會期間重疊到費玉清、蔡琴的演唱會，有少數幾場是在不同城市同時強撞。然而文文計算，雖然費玉清有十五場，號稱場次最多，但有些場子其實很小。如果看所有賣出票數的金額，鳳飛飛演唱會還是第一。

文文拿電子計算機仔細統計出鳳飛飛的「吸金力」，一副經紀人或助理的認真模樣，但她根本連工作人員都不是，完全是義務性的在做這些事。

事實是，不只是文文這樣。每次鳳飛飛開演唱會，官網就會有許多鳳迷定時貼上賣票情況，分析現在總共賣了幾成，哪個城市的哪一場賣票比較弱，大家要努力催票等。

像文文這一級的鳳迷，對鳳飛飛的歌曲如數家珍。我隨便說出一首歌，文文就立刻說這是出自民國哪一年，哪張專輯，又是哪家唱片公司等等。她說有的鳳迷更厲害，只要你說出歌名，他就能告訴你這是哪張專輯A面或B面的第幾首。這並非易事，因為鳳飛飛出過太多唱片，唱過上千首歌。

文文一聊起鳳飛飛就沒完沒了。我認識她是因為透過官網，要跟她買二〇〇七年演唱會的一張票，結果約在捷運站見面買票時，就站著聊了兩三個小時，全都是談「鳳姐」，談完之後才發現，雙腳已經痠到快軟掉。

我本來就計畫寫這一篇關於鳳迷的文章，而透過與文文的巧遇，我感覺到時機已成熟，可以加緊進行了。之後我就再約她訪談，在東區一家香港茶餐廳又聊了大約七小時，奇怪兩個人也都不疲倦。

文文又說，鳳迷中未婚的、離婚的、同志的單身族群相當多。這個我相信，因為單身的人消費力比較大，就像同志因為單身的相當多，因此被視為消費力驚人的族群。我私下揣想，正因為不想婚或不能婚，鳳飛飛對鳳迷來說更是一種慰藉。

文文還笑說，某某人一定可以入選「十大鳳迷」。追星最瘋狂的鳳迷、最死忠的鳳迷、收藏最多的鳳迷、演唱會「全勤」的鳳迷、歌曲歌詞記最熟的鳳迷、模仿最像的鳳迷……

「十大鳳迷選拔」？好像小孩子的遊戲啊。在這樣好玩的遊戲中，人人都年輕活潑，好像又回到了少年少女的時光。

鳳迷們本身還有分黨派。這其實不用大驚小怪，大圈圈中有小圈圈，小圈圈中又有許多小圈圈，彼此交疊或互斥，在各個領域都有。鳳迷圈有這種現象，只是自然而然而已。這就像劉德華的歌迷會有不同的磁場，形成不同的小團體，有時還會爭吵，是一樣的道理。

文文甚至搞到差點要對簿公堂，連律師都請好了，幸好後來不了了之。她笑說，「平常都是大人，可是只要一變身成了鳳迷，智商立刻變成小學生！」

Heddy

之後文文帶我到 Heddy 的鳳飛飛收藏室，在那裡我小小的震驚了一下。

Heddy 的鳳飛飛收藏品，已到達了恐怖的地步。

她在東區地段一個商用大樓中有一個套房，離忠孝復興捷運站的SOGO百貨很近，不是用來住人，而是用來放鳳飛飛收藏品。那套房要是出租，每個月應該有萬元以上的房租收入，但她只是當成一個收藏室，一個小博物館。在這裡，一進門就是鳳飛飛的海報，然後是一個挾著十多張鳳飛飛照片的屏風，裡面當然更是鳳影處處。這裡有一張貼地的小床，睡於此處，睜眼閉眼都是鳳飛飛，「燈朦朧，人朦朧，但願同入夢」[2]。

Heddy的唱片、照片、紀念品收藏相當豐富；在報章雜誌的收藏上，是目前我所知最多的，只要當時是鳳飛飛上封面的雜誌，如《中視週刊》、《你我他週刊》、歷年來的報紙資料、廣告剪報、照片等等，她幾乎都有。裱成畫框的海報也不少。

她是四年級，未婚。中短髮，戴著眼鏡，有點見老了，態度是緩緩的、客氣的，話很少，似乎總不希望被注意到，幾乎是隱形的躲在一角。她低啞的微笑說：「都五十了，還說什麼年輕……」

由於家境容許，她不用工作，似乎唯一的工作就是照顧年邁的父母。家裡就她一個女兒，如今未婚大概也沒關係了，父母也許只有慶幸她能留在身邊陪伴。

在熟悉的鳳友圈中，她被形容成完全不知世事的小龍女。另一位鳳迷薛爸取笑說：「她連誰當總統都不知道。問她誰是陳幸好，她也不曉得。她連電視都不看，但是鳳飛飛的一切，她都很清楚。」

Heddy 與父母同住，所以也並不住這兒，只是平常來這裡休息，聽一下鳳姐的歌，整理一下鳳姐的唱片、照片等資料。她也常常上網去買鳳飛飛的相關產品。她雖然沒有買賣的意圖，但在鳳迷世界或音樂發燒友中，鳳飛飛一些絕版唱片已經在增值。譬如《想要彈同調２——思念的歌》已絕版，市面上很難買到，網拍價格一直在漲。

鳳迷有的是「文瘋」，有的是「武瘋」。像 Heddy 是「文瘋」，總是靜靜的不多話，但是她是「內爆型」的，默默的熱情，默默的瘋狂。譬如她老是夢到鳳飛飛：「我夢到我在鳳姐的演唱會上，她居然走下來與我握手，我好緊張又好快樂……」「我夢到我一直趕場，好怕敢不上。」「我夢見我迷路了，一直找不到演唱會的場地……」

文文曾激動的對我說：「你知道嗎，有的鳳迷從頭到尾只是坐在最前排看鳳飛飛的臉，其他什麼都沒注意到。她唱了什麼歌，布景換成什麼樣，她根本不管，只是一直癡癡的看著鳳姐的臉。這樣根本都沒有在欣賞她的歌藝嘛！」

文文的口氣中並不是生氣，而是挾帶著一種圈內人的了解與祕密的驕傲。那個癡癡看著鳳姐的人，就是 Heddy。

在二〇〇六年新加坡演唱會的前幾天，Heddy 特意住在鳳飛飛下榻的旅館，每天就是靜靜觀察鳳飛飛進出旅館。她用一種夢幻的聲音說：「我就守候在旅館裡，遠遠看著鳳姐白天離開旅館去彩排，晚上再回來旅館。她白天總是精神飽滿，神采奕奕，晚上回來時就一臉倦容，好像力氣都用盡了。我根本不敢去打擾她。」

這就是 Heddy 住在國外旅館的目的——偷看鳳飛飛。

Heddy 不敢打擾鳳飛飛，沒想到她沒那麼著迷的朋友楊玲，卻反而在電梯口巧遇鳳飛飛，並握到了她的手。Heddy 吃味的說：「這個假鳳迷，竟然比我還要幸運……」

「假鳳迷」這個詞很好玩，起碼在我來說是的。我會喜歡被稱為「假鳳迷」而毫不介意，因為至少我沒有當「真鳳迷」的壓力，又因為身為書寫者，我本來就要保持某種程度的客觀距離。

其次，他們那種「『假鳳迷』如何如何」的口氣，其實是有點三八，有點好玩，沒那麼認真的。

二〇〇七年鳳飛飛初次踏上上海舞台，大家又招兵買馬。Heddy

說這次沒辦法去了，一臉猶豫遲疑，慢吞吞的模樣，但在最後關頭又飛去了。這又讓沒去成上海的文文笑罵了好久。

Heddy 擁有一個討論鳳飛飛的部落格。部落格的首頁，就是我寫的那篇〈流水年華鳳飛飛〉。當然我是高興的，看見這篇文章受到鳳迷的重視。

但後來我才發現，原來以鳳飛飛為主題的部落格有一百個左右，而其中泰半都轉貼了這篇文章，也有許多格主將這篇文章設在首頁。

當然我也很清楚，這不是因為我的文章，而是因為這是關於鳳飛飛的文章。

我拿了照相機在這個「台北鳳館」拍照，將她收藏的鳳飛飛資料大致拍攝下來，以便日後作為寫作與研究的參考。由於週刊、雜誌實在很多，排列在一起拍照時，只好擺在原木地板上拍。由於空間的限制，我們的腳偶爾會跨過這些雜誌的鳳飛飛封面，Heddy 擔心的問：「這樣會不會對鳳姐不敬啊？」

Heddy 對鳳飛飛，可真是如對神明啊。

Heddy 還說，這個房間到了夏天就要開冷氣，我以為是要讓這些收藏品保持乾燥，但她說不是，開冷氣是因為「怕鳳姐會熱」。

更誇張的是，Heddy 的好友楊玲，因為說了一些疑似對鳳姐「不敬」的話，Heddy 後來就跟楊玲說：「你去跟鳳姐道歉！」楊玲也只好乖乖的在鳳姐的照片面前，說聲對不起。

那個掛了許多鳳飛飛照片的屏風，也要小心。有時她們「一時不察」，說話時離屏風太近，這樣也是不行的：「你不要這樣講話，你的口氣會吹到鳳姐！」

我到的這一天，Heddy 泡茶，幾個鳳迷坐在床沿、地板聊天。只要是聊有關鳳飛飛的事，大家就很開心，也很溫馨。

這裡是一個聯絡鳳迷感情的空間。當然這也有投不投緣的問題，因為空間並不大，也比較是私人性質的。她正考慮將這個地方更進一步開放出來，當成鳳友的聯絡站，譬如南部的鳳迷北上來看演唱會，便可以在這裡過夜，大家也可以在這裡先聚聚，再一起去看演唱會之類的。

薛爸

我很喜歡「飛藏鳳閣」這個部落格的名稱，因為夠「台」，夠有趣。一開始我還以為是「藏鳳閣」，後來以為是「非常鳳閣」。到了那裡，才知道真正名稱。

參觀完 Heddy 的「館藏」，我以為那是最豐富的私人收藏了，沒想到文文跟我說，最大的鳳飛飛收藏館，應該在台南。既然如此，我就找一天專程去拜訪了。

「飛藏鳳閣」既是一個實際的地方，也是一個部落格空間，鳳迷們可以去拜訪。閣主的網路暱稱是薛爸，熟悉的鳳友也這麼叫他。

五十一年次的薛爸從少年時就學做金匠，做項鍊、鑽戒托座等精密的雕鑄工，一直到現在這都是他主要的維生工作。他開車到台南車站接我，順道帶我去「陳家蚵卷」吃晚飯，他的太太與念國二的兒子也一起吃。他們一家三人竟都是鳳迷，在二〇〇七年一起看了五場演唱會，這樣共要十五張票！

他家位在高雄與台南之間的一個小鎮，是獨棟透天厝，「飛藏鳳閣」在三樓，布置簡單樸實，不似 Heddy 那樣精緻典雅，但是老唱片收藏更多。二〇〇三年演唱會期間，TVBS新聞台曾經來拍攝過薛爸在鳳閣的樣子，並報導薛爸的收藏前前後後花費超過百萬元。

薛爸說：「當時（一九七〇年代）我是學徒，一個月工資才三百塊，唱片一張四十五塊，隔年還漲到六十塊。但只要鳳飛飛一出唱片，我就會去買。」

鳳閣主要是一個鳳飛飛視聽室，以鳳飛飛的海報、唱片封面、照片為主要裝潢，想看鳳飛飛主持的綜藝節目《我愛週末》《你愛週末》《一道彩虹》《飛上彩虹》、電視專輯《鳳懷鄉土情》《湄南遊記》的錄影，薛爸早已轉成DVD，可以很方便的播放。

在視聽室背後另有一個小房間，全部儲藏黑膠唱片，占滿整面牆，密密麻麻擠在一起。除了黑膠唱片，他還收藏當年的金唱片、八吋小唱片、台灣沒發的海外版唱片、二〇〇五年發行的兩大套紀念精選唱片等等。

這個地方是簡樸的，因為隔間是用三合板，然而柱子、樓閣的邊沿上有一排鳳飛飛CD專輯封面排成一排，炫彩繽紛，彷彿七寶樓閣的台柱，很有一種「台式巴洛克」的趣味。

透過部落格，薛爸不但分享數量驚人的鳳飛飛照片、影音資料，他甚至還會「修臉」，也就是以 Photoshop 等美工技術，將照片的瑕疵修掉，有時還會這裡加朵花，這裡改點背景！

此外更不要說「修音」了——薛爸用精密器材將鳳飛飛的黑膠唱片轉成CD，並修掉播放黑膠唱片所產生的雜音，甚至還調整音質。他說他轉成的這些ＣＤ，海山唱片的老闆就拿來重新發行。

薛爸在這些部落格上，往往一個人弄到三更半夜，熱中程度絲毫不下年輕人。這些工作都是不營利的，只是義務性的與鳳迷們分享。

薛爸哪來這些耐心呢？也許他從少年就當鐵匠學徒的經歷，讓他鍛鍊出耐心。

他說當時學當鐵匠時，一天工作十幾個小時，曾經氣到想把器具全部砸掉，然而日積月累，終於培養出耐心。又因為當時工作時間那麼長，唯一的娛樂與喘息機會，就是聽聽收音機，很快的他就發現鳳飛飛的歌聲特別不一樣，從此迷上了。在工廠裡要聽哪一個電台，得由工頭決定，不過當時鳳飛飛極為流行，無論哪一台都會有鳳飛飛的歌，而且那時南部電台有專門只播鳳飛飛歌曲的固定節目，所以薛爸總能聽見。

我這時才了解，鳳飛飛歌聲對於當時「女工」的重要。當時無論男女工，工時都很長，忙完就趕著回家睡覺了，哪有什麼娛樂？一邊工作一邊聽歌，就是最大的享受了！因此鳳飛飛一九八一年九月在高雄楠梓加工區、台中潭子加工區的兩場義演晚會，造成驚人轟動，數萬青年男女工蜂擁而至，有人認為「勝過當年『梁山伯』凌波訪台的場面」，鳳飛飛也因此被封為「勞工天使」。此兩場義演實況，中視出動了五台攝影機拍攝，並播出實況錄影。

緊鄰著「飛藏鳳閣」的，就是薛爸的工作室，除了入口，三面靠牆都是工作桌。一面是他正職金屬工匠的長形工作桌，就跟牆面一樣長，也許說是工作台比較對；對面則是有兩台電腦的大工作桌，長度也跟牆面一樣長，一台他自己用，另一台是兒子用的。

我與他聊天時，兒子就在旁邊玩電玩。這個工作桌是他經營部落格的祕密基地，除了電腦，還有黑膠唱盤，方便他將黑膠轉成ＣＤ或其他格式。當我一邊拍照時，他還透過 Skype 與兩位女鳳迷聊天開玩笑，一個在台北，一個在上海，真是天涯若比鄰。

他對機械這樣在行，又無日無夜的浸淫其中，我想大概只有土象星座的人有這種耐力；後來瞄到工作桌上他的身分證，上面日期正是金牛座。

薛爸二十多歲的行徑有點像追星族。他當時認識鳳飛飛的助理，又因為有開車，有一次鳳飛飛搭飛機到高雄，他糊里糊塗被叫去接機：「我一到飛機坪，立刻把背趴下來，請鳳姐在我背上簽名！」

薛爸對我說，很感謝我的文章出來，因為這篇文章是讓他與朋友和好的橋梁。他有個多年的鳳迷老友，因吵架鬧翻，從此不來往。〈不死鳥的華麗冒險〉見報後，朋友當天便主動傳來這篇文章到他的部落格，藉此再度聯繫上，兩人就回復友誼了。薛爸那天的確沒有買到報紙，收到文章也很開心，但中時電子報並沒有提供照片，於是又有人細心將照片掃描下來，再傳給薛爸與其他鳳迷。

在此且讓我順帶一提，配合〈不〉文的鳳飛飛演唱照片是我向鳳飛飛助理要求提供的，經過鳳飛飛本人挑選並授權，因此在版權上是沒有問題的。

也是在二〇〇三年演唱會之後，薛爸才架設起這個部落格。除了抒發自己的心情，也讓鳳迷能夠彼此交流。薛爸很感慨的說，曾經有個鳳迷患有嚴重病症，透過網路斷斷續續與他保持聯絡，她說她唯一的希望就是看著他把部落格架起來。等到部落格真正成立了，她寫信到部落格說「此生無憾」，之後就安詳的離開人世了。

他說：「有朋友真的要珍惜。像有的人會傳流言，說我與文文如何如何，我們根本不在乎，還是保持我們的『堅情』——堅定的友情。」

文文有空的時候，會南下到「飛藏鳳閣」幫薛爸整理資料，與薛爸老婆也很有話聊，弄得薛爸半開玩笑的抱怨說：「她們兩個還會聯合起來數落我呢！」

這種鳳迷之間建立的社群，在我看來是在狹隘的婚姻體制中提供了一些彈性空間，讓中年男女不至於太窒息，又能聯繫友誼。

也許這就是鳳飛飛歌聲的正面特質吧。好在鳳飛飛的歌總是溫暖、有人情味的，而這些鳳迷們，就享受到了這些溫暖，在人生中年之後，又得到新生的活力。

「水會流到盡頭，那陣風也會停息，我卻依然有個，愛不完的你。」[3] 對鳳飛飛與鳳迷來說，彼此都是「愛不完的你」。這是一段半生緣，也是一段再生緣，是沒完沒了的。

2 演藝成就

Showbiziness Achievements

從寒星到巨星

鳳飛飛與綜藝節目

鳳飛飛從一個歌手到一個巨星，「飛上枝頭變鳳凰」的關鍵之一，就是她主持的專屬節目。她在七〇年代主持的幾個專屬節目，正反映了台灣由「群星」進入到巨星時代的風雲變換。

什麼是巨星（superstar）？在台灣電視史上，歌壇巨星有一個簡單的定義：擁有專屬的常態節目。崔苔菁、鳳飛飛、劉文正、甄妮都是這樣的巨星。

當然，這不是唯一的判斷標準，譬如忙於日本歌唱事業的鄧麗君就沒有常態節目，只是不定期的推出電視專輯，是唯一的例外。但是一講到這個巨星時代，恐怕許多五年級生都會如同講述天寶遺事般的説，「那時是多輝煌的時代啊！」「那才是真正的巨星！」「我們每週都在家準時收看她的節目，哪兒也不去！」

確實，對照於現在，有哪個歌星可以每週都主持一個只聽她唱歌的電視節目？恐怕在這個娛樂更多元、競爭更開放的社會是很難再有了。註1

從台灣的電視開播（一九六二年），《群星會》就是第一個電視台台視的招牌歌唱節目。《群星會》做了十四年之久，是很驚人的紀錄。我很喜歡《群星會》這個名字，我猜是從京劇的〈群英會〉來的，那是取材自《三國演義》的一齣戲。這名字讓我想到當時京劇仍在台灣盛行，而電視這個新興的驚人媒體剛剛出現的一個轉接期。

《群星會》是「群龍無首」的時代。節目沒有主持人，青山、婉曲、紫薇、謝雷等眾歌星輪番上台唱歌，很單純，只有一個背景聲音介紹某某人要出場了。有時候連這樣的介紹詞都省了，歌星就直接出場獻唱。「群星在天空閃亮，百花在地上開放。」[1]那真是個單純的時代，無人獨霸，好一幅和諧景象。但是進入巨星時期之後，群星不再齊聚一堂，漸漸風流雲散，取而代之的是幾個少數特別璀璨的巨星，各據一片星空，形成戰國時代。

我覺得巨星時代，應該從一九七〇年崔苔菁主持的《翠笛銀箏》算起。這個在外景錄影的歌唱節目，主要就是由「一代妖姬」崔苔菁介紹台灣各地風光，然後讓一個個歌星在山光水色中對嘴唱歌。身為巨星的主持人就是節目最大賣點。崔苔菁除了在片頭曲載歌載舞，在節目中穿梭來去，也會唱幾首單歌，然後再搭配其他來賓歌星的演出。歌星們也不是百分之百都用唱片對嘴，也有特意先在錄音室錄好音，再來現場對嘴表演的。

一九七六年，崔苔菁因懷孕待產而請辭。雖然節目改由王孟麗主持繼續做下去，直到一九七八年才停播，但從這一年之後，節目的聲勢就不如以往了。巧的是，《群星會》也正好在一九七六這一年停播。

同一年，鳳飛飛的《我愛週末》應運而生，等於是接續了《群星會》的歌唱節目，而在形式上加以轉變，成為台灣電視史上第一個巨星時期的現場歌唱節目。此時《翠笛銀箏》聲勢也弱了，更讓鳳飛飛趁勢坐大。事實上，正是《翠笛銀箏》的同一製作人黃宗宏找鳳飛飛來做節目的。《翠笛銀箏》雖是巨星所主持，卻是對嘴唱歌的戶外錄影節目。《我愛週末》在攝影棚錄製，卻是現場演唱、現場同步播出，沒有重來的機會，又有現場觀眾眼睜睜的看著，完全必須靠演唱實力與主持功力。這種現場直播在當時既是創舉，也是豪舉，花費甚鉅又分秒必爭，鳳飛飛如履薄冰，戰戰兢兢，甚至還曾發生歌星臨時趕場來不了，她必須立即上場墊檔演唱的驚險狀況。當時曾到攝影棚當觀眾的鳳迷芬芳說：「有時候一進廣告，導播就立刻開罵，因為要是出錯，也都直播出去了。」

當時鳳飛飛雖有聲勢但尚未爆紅，主持這個節目是初試啼聲，也是一個重大的挑戰，因為是週六下午三點開始，在當時是冷門時段。但她背水一戰，將這個節目做紅了，掌握了電視這個最重要的曝光媒體，深入千家萬戶，深入無數人心，這才開始了她的「十年霸業」。到了節目尾聲，她會向觀眾丟出她戴在頭上的帽子，擠在前排的鳳迷們爭相搶奪，彷彿搶繡球一樣！這時候她從一顆「寒星」變成一顆閃耀的巨星了。

《我愛週末》爆紅後，翌年鳳飛飛被挖角到中視主持《你愛週末》，更上層樓，也在主持上劃下一道清楚的分水嶺：《你愛週末》是第一個歌壇巨星主持的綜藝節目，而且從開播之後就一直高居所有綜藝節目收視之冠。

綜藝節目（variety show）是「綜合藝術」，英文原意是「多樣化的秀」，也就是除了唱歌外，還有舞群配舞、說學逗唱、短劇、訪問歌手或演員、變魔術、搞笑、與現場觀眾互動等。此時鳳飛飛不但要載歌載舞，連短劇都要來，等於是全方位的綻放潛能，就像是現下說的「全方位藝人」，什麼都要會。她必須要跟許不了一起變魔術、她是搞笑的「音樂教室」的班長、她又是訪問特別來賓的主持人、她又跟諧星們來上一齣齣搞笑短劇。比起其他歌壇巨星，鳳飛飛相當不同，她比較通俗、親切、也比較草根。而從另一方面看，她其實是在全方位的展現自己，也全方位的與電視觀眾結緣。

《你愛週末》走出攝影棚，移師到台北的「豪華酒店」演出，改為錄影，約有六百個現場觀眾，以夜總會、美國賭城秀的形式呈現出當時最活潑的綜藝性。

節目中，鳳飛飛與許不了有個固定單元叫「笑説魔術」，又變魔術又搞笑。此外，與淩峰、倪敏然、方正、徐風等諧星演出的小小劇場「環遊世界」也大受歡迎。事實上，不少諧星都是從鳳飛飛的節目中成名，或是紅上加紅的。多年以後，鳳飛飛上張菲與費玉清主持的《龍兄虎弟》，張菲就大方自承他是從鳳飛飛的節目中走紅的。

另一個驚人之處，就是樂隊編制。當時電視的樂隊陣仗本來就遠勝當今，而在鳳飛飛主持的節目中達到高峰。如林家慶領導的中視大樂隊，最多可超出二十個團員，光是一架黑色大鋼琴擺在那裡就氣勢非凡了，此外喇叭手、薩克斯風手也各有三四個。現在的歌唱節目，有時四個樂手就算是一個樂團，又用電子合成樂來模擬種種樂器，不但陽春，也喪失了真實的臨場感。二〇〇六年林家慶獲頒金曲獎終生成就獎，現場就響起了他作曲、鳳飛飛演唱的〈祝你幸福〉，當時在場觀禮的我又興奮又悵惘，因為鳳飛飛最應該來頒獎而沒來。

隔年的《一道彩虹》也是在豪華酒店錄影，但已變成「升級版」，布景更加華麗講究。舞台兩側是歐洲宮廷式階梯，烘托舞台氣勢。鳳飛飛在舞台演唱時，後面是變化多端的噴水池，彷彿背後「瑞氣千條」。然後她會走到前面的三層升降圓心舞台，或是走到階梯前坐下來，唱出第二首歌，此時布景片也自動變換了。一歌一景，在當時真是讓庶民百姓嘖嘖稱奇的華麗。有的開場，則是鳳飛飛從天而降，搭著個大花籃翩下凡來，弄得觀眾目瞪口呆。

一九八四年的《飛上彩虹》改到社教館錄影，增加到一千二百個座位，也一樣座無虛席，每一次都像是開演唱會一樣氣勢磅礴，每次的工作人員都超出百人。

這種陣仗之大，耗資之高，根本不是現在《超級星光大道》、《綜藝大哥大》之類的節目可比的。而當時所有觀眾都是競相取票來看錄影，全是鳳迷，有許多是從中南部包遊覽車上來看。所謂「彩虹專車」從這時候就有了，而後延續到二〇〇三年之後的鳳飛飛演唱會，仍有這「彩虹專車」載著歌迷南來北往！

《你愛週末》自開播後，就穩坐當時所有綜藝節目的收視之冠，影響強大深遠，因此鳳飛飛有「綜藝節目祖師婆」之稱。的確那時候張小燕還沒有獨當一面。張小燕在一九七八年才獨挑大梁主持她第一個綜藝節目《飛燕迎春》，晚了《你愛週末》一年。而張小燕真正爆紅之作《綜藝一百》是從一九七九年才開播的。論綜藝節目的始祖，仍然是鳳不是燕！註2

本來鳳飛飛的「感謝您！」就是招牌動作，然而在《你愛週末》的中途時期，她又開始了一個新的招牌：她在節目尾聲一邊唱歌，一邊走下台，一一與現場觀眾握手，而觀眾不但爭相握手，又紛紛獻上鮮花、禮物與擁抱。這個招牌動作很重要，因為觀眾與粉絲覺得鳳飛飛好親切，是一個可以觸摸得到的人，那個絢爛華麗的世界也是他們能夠進去的。其他巨星都是高高在上，雲端似的神祕遙遠，只有鳳飛飛可以與觀眾打成一片。她既是巨星，又是鄰家女孩。到了一九七八年的《一道彩虹》，這個握手的招牌動作固定成了一種儀式，從一開播就有了。這時候粉絲們熱情到她快要招架不住，有時候很難將手抽回來，甚至身子都快要被拉倒。這種粉絲熱情一度引起當時新聞局的關切，通知電視台下令禁止握手，因而此儀式中斷了一陣子。然而粉絲的熱情沛然澎湃，如何招架？鳳迷們一而再、再而三的寫信、打電話抗議之後，電視台只好疏通新聞局，恢復此一招牌動作，鳳迷們終於「再獲甘霖」！當時的新聞局怕什麼呢？是怕一大票女粉絲競相跟一個女歌手握手擁抱，「違背善良風俗」？還是對任何太巨大的熱情都感到懼怕？

《我愛週末》一出，就是台灣大規模追星族的開始，定期到攝影棚報到，定期跟隨鳳飛飛的行程。比之於早先的不定期的凌波迷，鳳迷又更厲害了。好多鳳迷都是那時定期跑去攝影棚看鳳飛飛錄影，不斷追隨的，從此一追就是三、四十年的。到了《一道彩虹》的「握手儀式」一出，死忠鳳迷們的熱情多了一個實際接觸的管道，更是有如洪流宣泄而出了。這種鳳迷最期待的握手儀式，就是在二〇〇三年之後的演唱會時期也都還見得到。不知怎麼，我最記得的就是鳳飛飛唱著〈心影〉，一邊跟清一色女性觀眾握手的電視畫面，也許是這首歌高低起伏非常難唱的關係，簡直像特技一樣：「你可明白我的心靈，忘不了，忘不了你。落花流水悠悠，何時才能相逢？」[2]鳳飛飛神色自若的與爭先恐後的鳳迷們握手，還要陡然拉上高音。當時麥克風還是有線的，鳳飛飛還要分神去拉扯電線，不讓自己絆住了。

《一道彩虹》聲勢之旺，讓影評人聞天祥寫下了這段童年往事：

有一件事我到現在印象還非常深刻。那是我念小學的時候，有一年暑假，隔壁鄰居開車回雲林鄉下，提議順便載我到外婆家……當天晚上，車開到這個鄰居的老家，他們招呼我吃飯、洗澡，並要我當天晚上先住下來，明天一早再送我回外婆家。讓人納悶的是明明他家距離我外婆家的車程一個小時不到，爲什麼不直接過去呢？原來《一道彩虹》播出的時間到了，大夥都要看這個節目！這天的節目裡有段非常煽情的事件，一個坐著輪椅的「鳳迷」上台，請求鳳飛飛爲她演唱〈我是一片雲〉，結果一首歌下來，唱得台上台下唏哩嘩啦哭成一團。我記得當時我也感動得亂七八糟，那年夏天在外婆家到底做了哪些事已記不得了，卻對這首歌印象深刻。

雖然有時我懷疑這段演出是我誤植鳳飛飛另一個節目、自行「記憶拼圖」的結果。但斬釘截鐵地確信：那晚一天才抵達的行程，絕對是因爲讓人目不轉睛、豎耳聆聽的鳳飛飛。註3

從《我愛週末》開始，鳳飛飛與觀眾互動的情景就是一個招牌，庶民百姓最感到投入，因為他們看見自己也出現在電視節目裡——他們哭，他們笑，他們的臉融進華麗的舞台裡！現場觀眾是活生生的真實元素，而鳳飛飛與製作人也明白這一點，將現場觀眾納進節目之中。如此一來，只在電視機前收看的觀眾也會有一種投射心理，覺得如臨其境，或恨不得身臨其境，加入那個「歡樂一家親」的現場。這種親切感是鳳飛飛獨有的，要讓崔苔菁、甄妮、劉文正這樣到台下與觀眾一一握手，就是讓人無法想像。因此鳳迷對鳳飛飛的愛雖然有千百種，但是把鳳飛飛當成自己親人一般看待，是一個很基本的因素。鳳飛飛有一種「親」，一種泥土性的親。本來電視是「群星」之境，是銀河宮殿，但是鳳飛飛將天上人間拉到了凡塵，讓老百姓感到親切、溫暖又窩心。後來節目中還有「鳳飛飛模仿大賽」，讓粉絲們上台模仿鳳飛飛的歌聲與動作，更是引起一陣鳳飛飛熱潮。由於鳳飛飛就在旁邊看，這也是一種鳳迷親近鳳飛飛的機會。

鳳飛飛的電視節目，對台語掛的觀眾來說尤其親切。鳳飛飛最早是在《我愛週末》中嘗試性的唱了台語民謠，如《月夜愁》等曲，誰知迴響巨大，此後就每週必唱個幾首了。

事實上，在鳳飛飛的節目之前，沒有過如此受重視的台語民謠現場演唱。由於當時的「推行國語政策」，台灣歌謠在電視與廣播上播出的數量都被限制到少得可憐，壓抑久了，大家見怪不怪，好像不唱台語民謠也是自然的事。沒想到這麼一唱，竟唱出了台語掛歌迷的心聲。這是打破冰封之聲，也是草木萌芽之聲。

唱片公司發現這一點之後，便立即籌劃鳳飛飛演唱的台灣民謠專輯，翌年推出之後，大受歡迎。其後別家唱片公司也跟進，推出其他歌手演唱的台灣民謠。對於台灣民謠，鳳飛飛在電視上、唱片上都是開風氣之先的。舉例來說，鳳飛飛第一張台灣民謠專輯出版於一九七七年，而鄧麗君唯一一張台語專輯則出版於一九八一年。

《你愛週末》《一道彩虹》的收視率最高可到五十幾，平常也有三、四十。黃俊雄的布袋戲風靡全台觀眾，乃是台客文化男性第一人。而鳳飛飛是台客文化的女性第一人，她透過電視的影響力就是一個重要原因。黃俊雄有好幾齣布袋戲，而鳳飛飛則有五個專屬的歌唱節目。

一九七〇年代堪稱台灣歌壇的巨星時期，而一九七六到一九七九年最是巨星鼎盛期，鳳飛飛、崔苔菁、劉文正、甄妮，甚至聲勢較小的張俐敏、陳蘭麗都有個人的常態性專屬節目。不過劉文正、甄妮的節目都做不久，算算還是鳳飛飛的專屬節目時間最長最旺，在這四年內主持了上述三個節目。其後她又主持了《飛上彩虹》與《我愛彩虹》，這總共五個節目從一九七六年延伸到一九八七年，因此製作人黃宗宏的「鳳飛飛十年霸業」之說，也就是落在她擁有專屬節目的這些年。註3

其實一九九七年鳳飛飛還與費玉清共同主持了《飛上彩虹》（台

視），但並非個人專屬節目，我就沒有算在巨星獨霸的時代裡。無論如何，以擁有專屬歌唱節目的數量、長久、規模、收視率來看，鳳飛飛都可謂巨星中的巨星。在七〇年代她呼風喚雨的程度，遠勝過「四大天王」、Ｆ４、蔡依林等人。這其中的一大關鍵，就是最深入人心的電視。林青霞堪稱影壇巨星的代表，而她是神祕遙遠，予人無限幻想的。但是歌壇巨星鳳飛飛卻親切溫暖，以電視更深入草根民心。

我還記得鳳飛飛在她節目中的一些好玩單元，像她領導的「彩虹合唱團」單元，就有那些知名諧星在搞笑。出身自鳳飛飛節目中的諧星，除了後來成為「黃金五寶」的張菲、倪敏然、檢場、徐風、羅江，也還有許不了、凌峰、方正、羅江、梁二等人。鳳飛飛與民歌大將趙樹海合作的「說說唱唱」單元也很有趣，兩個人像說相聲一樣的鬥嘴又逗趣，又在最後合唱一首歌曲，而那已經是一九八四年的《飛上彩虹》了。有這種螢幕裡的良辰美景，難怪鳳行草偃，一股鳳凰振翼的大風吹過去，觀眾們就像草原上的小草一樣，嘩嘩然的醉倒了。

現在是後現代，眾星喧嘩，每個歌手都有自己吸引觀眾的方式，更多元也更流竄了。以某個方式說，當我們離開了「現代」而進入了「後現代」，也就沒有所謂的巨星了。巨星是一種霸權，而「後現代」是解除巨星獨霸，解除造神運動，進入更細緻的分眾時代。然而我仍然懷念那個巨星如神的年代，粉絲迷戀歌手一如迷戀神祇，是那樣的一往情深，那樣的溫情。

70年代的巨星時期及其專屬節目

註1：

群星會	1962-1976
崔苔菁	1970-1976《翠笛銀箏》（台視） 1978，《翠堤春曉》《歡樂週末》（華視）
鳳飛飛	1976，《我愛週末》（台視） 1977，《你愛週末》（中視） 1978，《一道彩虹》（中視） （此後之節目請參見〈附錄：鳳飛飛演藝年表〉）
劉文正	1977-1978，《劉文正時間》（華視）
張俐敏	1977，《大螢幕》（台視）
甄妮	1979，《星光閃閃》（華視）

註2：

《群星會》《翠笛銀箏》《我愛週末》都不是綜藝節目。

有人認為一九七一年開播的《銀河璇宮》是台灣第一個綜藝節目，此說有待商榷。《銀河璇宮》是台灣第一個以有分量的主持人為賣點的歌唱節目。主持人白嘉莉雖非唱將，也多少能唱，但該節目仍不算是完全的綜藝節目，因為它在型態上不夠「多樣化」。該節目在後來加入了張小燕與孫越所演出的短劇，但型態與規模都還不夠，只能說是初具雛形。

張小燕與孫越在一九七六年十月八日開始主持《錦繡年華》，型態上較貼近綜藝節目，然而收視成績平平，並未造成轟動，亦缺乏代表性。

註3：

原載於《音樂時代》雜誌〈我是一片雲——鳳飛飛與瓊瑤電影〉一文。

註4：

鳳飛飛電視節目的詳細資料，請參閱〈附錄：鳳飛飛演藝年表〉之「電視節目列表」。

鳳兒踢踏踩

鳳飛飛的電影因緣

鳳飛飛在一九七九到一九八三年之間，短短四年，竟主演了六部電影，真是一份奇特的銀幕因緣，也為她的演藝生涯再添一筆光輝。鳳飛飛不再是躲在薄紗之後的「幕後代唱」歌手了，她躍上銀幕，巨大的臉龐映在電影宮殿裡，為觀眾們帶來一個又一個的夢。

在一九七八年的《月朦朧鳥朦朧》裡，林青霞開口唱著同名主題曲，其實發出的是鳳飛飛的歌聲。這樣的雙聲疊影真是「燈朦朧、人朦朧」❶，隱約光影中我們看見林青霞的容顏，腦海又浮沈著鳳飛飛的影像，神光離合，恍兮惚兮。兩大巨星的影像重疊了，既是錯落的，也是交纏曖昧的。這段奇妙的人影交疊，於鳳飛飛〇七年演唱會，以極有創意的方式又再現了一次，令鳳迷們歡喜讚嘆不已。

沒想到《月朦朧鳥朦朧》推出的隔年，鳳飛飛就「自演自唱」了。她主演電影，也主唱自己主演的電影。沒有影像重疊的問題了，她躍上了大銀幕，她就是她自己。鳳飛飛的歌聲宣傳的是鳳飛飛的電影！

鳳飛飛在最初的三部電影《春寒》《秋蓮》《鳳凰淚》中，演出的都是傳統悲情的女性角色。以時間先後來分，一個是太平山林場主人的女兒、一個是童養媳、一個是懷了身孕的第三者。三片都是悲劇結局的通俗劇，鳳飛飛都是「悲情台妹」。其實這種形象跟鳳飛飛在螢幕上的形象格格不入，只能說是多少投合了台灣鄉土的傳統保守面。這是「早期台妹」，卻沒有「台客文化」積極創新的精神。

《春寒》（1979）描述富家小姐秀蘭（鳳飛飛飾），與家中僕人的兒子長榮（梁修身飾）相戀，然而日本軍官橫山少佐（劉尚謙飾）也愛上了秀蘭，於是設計長榮去南洋打仗，也就是當時的「拉伕」，一如〈鑼聲若響〉歌詞中敘述的情況。長榮在戰場中雖然逃過一劫，後來還是病死了。結局是秀蘭含淚與他舉行冥婚。

《秋蓮》（1979）中的秋蓮（鳳飛飛飾）則是自小被賣去當有錢人家的童養媳，被安排以後要嫁給這個家中的智障少爺阿旺。然而秋蓮長大後，與同村打鐵匠的兒子順興（梁修身飾）相戀，形成真心戀愛與家族勢力間的衝突。這童養媳比台灣傳統媳婦的地位更低微、更委屈，從頭到尾一張可憐的「媳婦臉」。此段戀情也是悲劇，以秋蓮與順興兩人一同投湖自盡結束。

其後的《鳳凰淚》（1980），鳳飛飛演出一個在舅舅家的洗衣店幫忙的女孩蝶倫，卻捲入一段戀情而成了第三者，又為所愛的已婚男人（王羽飾）懷孕生子，也充滿隱忍含冤的苦楚。小孩出生後，送給了男方家裡養，她自己悄然引退，沒有再與這對夫婦有所瓜葛。後來她因為思子心切，在大雨中孤身來到男主角的宅邸前徘徊，只想見小孩一面，誰知男主角此時開著轎車回家，雨中看不清楚，竟意外將她撞死，悲慘萬狀。

此三片劇情都是可想而知的老調，但是多少可以反映當時觀眾的心境與社會氛圍。三片都是賣座的，因此鳳飛飛的「悲情台妹」形象是能引起當時的「台妹」或粉絲的共鳴的。

但是一進入八〇年代，鳳飛飛的「台妹形象」大幅轉變。關鍵人物是對台灣文化有高度自覺的侯孝賢，他仙棒一揮，鳳飛飛從「悲情台妹」變成了「自信台妹」。

電影大師侯孝賢看出了鳳飛飛獨特的魅力，在他的第一部電影就請鳳飛飛當女主角，量身定做了《就是溜溜的她》（1981），讓她大展身手，結果叫好又叫座。翌年侯孝賢再與鳳飛飛推出第二部電影《風兒踢踏踩》（1982）。這兩部片子是鳳飛飛最重要的電影作品，既是「侯式電影」，也是「鳳式電影」。在此二片中，侯孝賢與鳳飛飛都將自己的「本色」表現了出來。

這兩部片子都主打鳳飛飛本人的魅力，從片名：《就是溜溜的她》、《風兒踢踏踩》就可以知道。「她」才是主角，而「風兒」就是

「鳳兒」。鳳飛飛是比男主角更重要的主角：在這裡，女性就是主體。

鳳飛飛在這兩部片中，與當時愛情片代表林青霞或林鳳嬌的形象大異其趣。首先，她不以美貌為主要吸引力。第二，她不纖弱也不多愁善感。第三，她是中性的。第四，她擁有自主性。

在《就是溜溜的她》中，鳳飛飛飾演富家女文文（潘文琦），不願聽從父命去相親，而從台北都會逃家到鄉下，無意中碰見鍾鎮濤飾演的土地測量師大剛，經過一番波折之後，兩人終成連理。片中她主要以襯衫、長褲、偶爾戴帽子的中性造型出現，活潑而具真性情，與片中呈現的鄉土風景相當契合。

以劇情來說，「溜溜」指女主角從家中「溜」出去，軟性抵抗家長指定的「經濟婚姻」。「溜溜」是滑溜、不易受父權掌握、流動、非靜態。當然，「溜溜」也是俏皮與「可愛」，難怪英文片名是《可愛的你》（*Lovable You*）。

本片原想命名為《淑女假期》，其實是套用《羅馬假期》（*Roman Holiday*）的典故。「窈窕淑女」奧黛麗・赫本（Audrey Hepburn）是公主，因公務旅行到羅馬，為了擺脫被控制的壓力，而展開一場「開溜」之旅，並邂逅了身為記者的男主角，譜出一段戀曲。《就》片開頭文文在主持會議時，雙腳在桌下暗暗將高跟鞋褪下來，後來差點勾不回來，惹出搞笑橋段，靈感也是來自《羅》片中公主在蓬裙下偷偷脫下高跟鞋的點子。

本片中的文文雖主動，也有被動性，仍多少聽從父命。片子最後揭露窮小子大剛其實也是富商之子，「門當戶對」，終於圓滿收場。大剛性格衝動純真，比較陽剛，文文則顯得神祕而有所顧慮，因為她一直沒有將被家庭安排相親的事告訴大剛。

本片是「溜」，但下部片變成踢、踏、踩！

到了《鳳兒踢踏踩》，鳳飛飛的個性更鮮明，主體性也更強。「鳳兒」就是「鳳兒」，這對鳳迷來說一點都不難理解。鳳飛飛在一九七六年的名曲〈風飛飛雲飛飛〉早就唱出這一點了，在演唱時「風」與「鳳」難以分辨，因為作詞人正是要以「風」喻「鳳」。「風飛飛，雲飛飛，鳥飛飛，心兒它在飛飛。我願像風飛飛啊～雲飛飛……」[2]這樣的歌詞悍然的標示出鳳飛飛的主體性，把自己的名字一遍遍唱出來。周杰倫自己做了一首歌，裡面有一段不斷唱著「周杰倫周杰倫周杰倫」，原來並沒有那樣「空前」，因為這首快歌裡重複唱著「風飛飛」（鳳飛飛）與「風」（鳳）共有十次之多，唱著「飛飛」的次數更多達二十四次！此外同一年的快歌〈我乘風兒來〉也有暗示「鳳兒」的意味。

「溜溜」這個動作是遊移、既被動又主動的。然而「踢、踏、踩」這三個動作則是帥氣、主動，甚至有點霸氣的。兩片中的女主角，都具有比傳統愛情片更強的動能——她們都會開車。文文來回都會與鄉下之間，兩者都能融入。幸慧也是這樣，但在片尾她甚至「踏」上了歐洲大地。

《就》片中，文文的身分是富家千金，屬於愛情片的老套公式。但在《風》片中，鳳飛飛飾演的蕭幸慧雖出身平實的鄉下家庭，卻是個獨立自主的專業女性：一個廣告公司的攝影師。她不是「被攝體」，反而是攝影師，一種主動擷取他人影像的人，也是一個偏向屬於男性的新興行業。在幾乎每一部影片中，林青霞都是「被攝體」，以美貌不斷被攝影。然而鳳飛飛在此既是被攝影的客體，卻也是主動攝得影像的主體。由於廣告公司的任務，幸慧隨廣告導演兼男友羅仔到澎湖工作，但仍偷閒攝取當地純樸的自然風光；在台北，她也偷拍街頭眾生相，忘情到她駕駛的車子被拖走。這些拍攝都非工作所需，而是她自己喜歡做的創造活動。街頭偷拍的時候，她還要男主角當成活道具吸引路人，好讓她順利在不遠處攝影，完全將傳統男女角色顛倒！

不僅如此，男主角鍾鎮濤一開始是一個盲人，鳳飛飛則是比一般明眼人更有眼力的攝影師，在街頭走路時還牽引著男主角，乃至幸慧的父親不知情的說：「女孩子還牽男人的手，這能看嗎？……還牽？」這一反愛情片男性引領女性的常態，標示出女性的主動性。

幸慧比文文更中性化，更率直，男主角金台則顯出較多的陰柔面。當他是盲人的時候，他吹著笛子引來幸慧的主動「凝視」，其純樸柔弱的感覺讓幸慧動了心。後來劇情顯示他原來是個很有愛心的醫生，因駕駛救護車發生車禍才導致失明。而在他雙眼復明之後，仍是一副純真柔軟的模樣。這樣的角色安排，正是顛覆了傳統的男女角色。要是一般俗手來拍，那就一定是個男攝影師愛上美麗盲女的老套故事了。

幸慧還有一種積極的叛逆性。她當國小的代課老師時，引領小學生在學校牆上畫出七彩繽紛的海底世界，而非如女校長所指示的要寫上政令宣導的「標語」。當女校長來責難，她也一副無所謂的樣子。

《鳳兒踢踏踩》是將鳳飛飛風格發揮得最淋漓盡致的片子，也可能是空前的最賦予台灣女性自主意識的片子。她飾演的蕭幸慧一角，自主性之強，可能勝過同時期所有台灣愛情片的女主角。這尤其是說，幸慧在面對愛情與婚姻的同時，也一直保有主體性。這是健康的主體性，而非霸氣或掠奪性。雖然電影暗示了「有情人終成眷屬」的結局，在片尾她卻仍與男主角的情敵一起踏上歐洲之旅。這不是情人之旅，而是自我實現之旅。在面臨二男追求的最後關口，幸慧寫了一封信給金台表示：

假如你不來機場，我就不上飛機。我就不去了。也許沒過多久，我會嫁給你。我仍然會全心全意對你，因為我知道，我不可能再遇到一個比你讓我更動心的人。我會認命。可是我也不會忘記，是你沒有讓我去成歐洲。你也許會說，我們結婚以後一樣可以去，可是那截然不同，因為那是屬於我個人的夢想，不見得有什麼很大的價值，但是對我很重要。

後來金台趕到機場，為幸慧送行。羅仔見狀，不悅但無語的先行進入登機門，之後就是凝結住的最後一個畫面：幸慧手挽金台的臂彎，相依微笑。幸慧還是會跟「前男友」羅仔去旅行，但又與金台訂下了婚約，真是太魚與熊掌兼得了。

幸慧的選擇權很強，一人周旋在二男之間，沒有痛苦的掙扎或猶豫，下決定很果斷，從來沒有喪失掉自己。她沒有為了要嫁金台而放棄歐洲之旅，照樣與羅仔一起去。這樣的角色由在舞台上主導性很強的鳳飛飛來詮釋，非常貼切。這樣的自主性可能羨煞女性觀眾或鳳迷，尤其當時剛剛進入一九八〇年代，正是台灣男女角色面臨巨大轉變的時期。

在侯孝賢的電影中，鳳飛飛成了「本色演員」，只要順著自己的性格表現，就是成功的演出。「本色演員」跟「變色龍演員」相反。「變色龍演員」演出的角色變化萬千，即使與本人的個性相違逆，也能令人信服。鳳飛飛不太能做「變色龍演員」，但是她是很稱職的「本色演員」，因為她有非常鮮明的風格。

鳳飛飛在現實生活中，為了結婚生子而付出許多，看似傳統女子，然而她從來沒有放棄歌唱舞台，也從來沒有說過要復出的話，因為沒有退隱，何來復出？甚至她出道四十一年後，仍然擁有自己的舞台。這就是鳳飛飛的獨立自主，正好與《風》片女主角的形象異曲同工。

同樣身為風格獨具的「自信台妹」，蔡依林傳達出來的新女性自覺，在某些方面是超前鳳飛飛的。然而鳳飛飛的中性形象加上歌聲的獨特性，亦非蔡依林可以望其項背。鳳飛飛結婚生子後還能擁有自己的事業，難度更高，可能更是單身熟女所羨慕的。

江蕙也是自信台妹，其創新主要展現在她製作的台語歌曲一直精益求精，越來越精緻化，然而整體上還是偏向台灣的悲情面。但鳳飛飛很特殊的，並不受限在悲情面，反而不斷帶來陽光般的溫暖與正面性，而又是十足台灣味的。

《就》與《風》是台灣電影史上重要的作品，因為既是侯孝賢大師的處女作與續作，這兩部電影也充滿了台灣味與「台客文化」的好處。

以「台」來說，台灣鄉土的純樸風景，在影片中親切又美麗的呈現出來。侯式攝影的氣味在當時已透端倪，鄉間風景悠遠淡雅，主角們在大自然之間自在徜徉。而鳳飛飛的形象，也令人感到親切。她既是都會的，也是有泥土氣的，真是城鄉皆宜。

以「客」來說，則導演具有一雙「客觀」的眼睛，同時觀照了都會與鄉村。由於能夠客觀，也有相容並蓄的能力。都會與鄉村的風景被融在一部電影裡，整體上是和諧的，然而城鄉差距、鄉村環境被「發展建設」入侵的問題也披露了出來。

有「台」的主體性，又有「客」的客觀性與相容並蓄，「台客文化」就發生了。這樣的「台客文化」裡，含藏著多方面的觀照。譬如鳳飛飛的歌聲就很複雜，裡面既有「主體」又有「客體」。

舉例來說，以鳳飛飛的台灣味歌聲，搭配瓊瑤電影，其實是很妙的搭配。瓊瑤電影標榜不食人間煙火，事實上卻標榜標準國語，認為標準國語才是「有氣質」。鳳飛飛有點台灣味的國語被認為是俗氣的。但正因如此，鳳飛飛的歌聲是一種轉嫁，也好像一個「變電器」，以國、台語味道兼容的演唱，將瓊瑤電影「轉變」成更加吸引台語掛觀眾的電影。

然而侯孝賢打破了「講標準國語才是有氣質」的瓊瑤電影傳統，創造了一種新型的愛情電影，比較平實，也比較真實，裡面很多演員都在講台語。在《風》片中，鳳飛飛雖然還是由「標準國語」的女配音員配音，但是她的家是在鄉村，父母也只會講台語，親子間也能溝通。這種小孩說國語，父母講台語的狀況，相當寫實的呈現了在台灣更為普遍的家庭，其數量遠遠多過純粹講「標準國語」的家庭。

其實不管是電視或電影，鳳飛飛在一九七〇、八〇年代，都可算是一個鮮明的「台妹」代表，其精神是跟「現代台妹」不一樣的。事實上，鳳飛飛「台妹」形象正可以對於有點走偏的「現代台妹」有所針砭，也給予借鏡。

「現代台妹」往往被認為是低俗、幼齒、穿著暴露的。那麼鳳飛飛「早期台妹」的形象，正好可以打破「現代台妹」的這種刻板印象。

身為「早期台妹」，鳳飛飛是刻苦上進、不賣弄性感的。此外，她的中性形象也打破了賣弄性感的框框，進而創造出灑脫的魅力。有這麼獨特的「自信台妹」，實在是台灣女性的驕傲。

這樣的「自信台妹」，也是有蛻變歷程的。鳳飛飛的前三部電影都是傳統的悲情台妹，苦命、沒自信。一直到侯孝賢找她合作，一個全新的「自信台妹」才脫穎而出。

一個年輕的電影大師，碰上一個年輕的歌壇巨星，撞擊出火花，真是英雄惜英雄。這樣的風雲際會，是多麼的令人神往啊！

多年之後，時間來到一九九三年，侯孝賢推出布袋戲大師李天祿的傳記電影《戲夢人生》，又請鳳飛飛來唱主題曲〈寫佇雲頂的名〉，再續前緣，真是善因結善果。如今我們說鳳飛飛的聲望之高，也是「寫佇雲頂的名」，又有何不可呢？

做個快樂歌手

鳳飛飛四十一年歌藝之旅

從一九六八到二〇〇九年，鳳飛飛已出道四十一年，是台灣縱橫國語歌壇為時最久的一級歌手，至今仍活躍於舞台，每次的全台大型個人演唱會皆引起轟動。到目前為止，她一共出版過八十二張唱片，而這並不包括未在台灣發行的「海外版」唱片。

探討鳳飛飛歌壇成就的困難之一，是在於分期斷代。老歌手如文夏、洪一峰的演唱生涯也許更長，不過都只唱台語歌，而鳳飛飛則是國、台語歌雙強。台灣出過更多唱片的歌手也許有，但影響力與重要性遠不及鳳飛飛。

有人以每隔十年來為鳳飛飛的歌曲斷代，如談一九七〇年代、八〇年代等，但失之籠統。也有人以唱片公司來分期，如「海山時期」、「歌林時期」等，但除了籠統之病，在鳳飛飛轉換唱片公司的紛雜時期，亦難一概而論。也有人以鳳飛飛唱片暢銷的程度來分，但只以銷售量或「紅」的程度來分野，也有只重當時，忘了以較廣大的歷史眼光與唱片製作成就來觀察的缺失。

以下的時期分析是定位在鳳飛飛的歌聲、演唱技藝與音樂特色，而以唱片專輯出版的時間來標定年份。然而在如此分野的同時，也佐以上述的三種斷代法來加以補充，以避免只採用一種方法而流於缺失之病。

1 開創時期（1972-1975）

鳳飛飛的歌聲一直是溫暖、明亮、正向的。從出道至今，都是如此。陽光般的特質是她歌聲的底蘊，也是她個性的流露。

鳳飛飛一出道就展現了她特殊的音色與技藝。她演唱生平第一首台語歌曲〈燕雙飛〉（1971）時才十八歲，但歌聲已鶴立雞群，引人顧盼。她的第一張專輯《祝你幸福》（1972），也預言式的奠定了她溫暖、鼓舞人心的基調。

鳳飛飛早期的歌聲比較「直」，充滿力道，炫技的痕跡明顯。此時的特色之一是拉長的高音，渾厚、直接、明亮。招牌的「鳳式花腔」在這個時期就出現了，而後不斷延續，有好幾個不同階段的演進與變化。幾十年來，她的「轉音」公認是台灣第一把交椅，也是她獨一無二的標誌。

日本演歌派技巧在此時期就被大量運用，但總是被轉換成獨特的「鳳式唱腔」。此種唱腔也常被稱為「鳳式轉音」、「鳳飛飛的花腔」。

當時翻唱日本歌曲是台灣歌壇常見的現象，鳳飛飛受到日本曲風影響是自然的事。然而鳳飛飛能將日本唱腔轉換成獨屬於自己的特色；她有時將其簡化，並去掉日本的「哀感」，顯得較為明朗大方，有時她又自行添加原版所無的裝飾音，呈現華麗，總是與原來版本不同，並非只是模擬或複製。

日本流行歌的歌詞字數極多，歌手在演唱時往往快速的跳躍唱過每一個字與背後的每一個音，然而在改唱成台語歌或國語歌時，語言性質不同了，歌詞的字數大量減少，因此形成一個字背後有許多音的狀況。鳳飛飛在演唱這類歌曲時，自然在一個字之中就會帶有不少轉音；這也是形成「鳳式花腔」的原因之一。

日本演歌或流行歌的「哀感」較強，真假音轉換是重要的特色，假音甚多，往往造成彷彿悲哭的音感。鳳飛飛在詮釋這些歌曲時，除去這種強烈「風格化」、「格式化」的日本元素，加以轉變，成為台灣人比較能接受的聲音。

鳳飛飛自己曾說這種「轉音」是苦練出來的，當時有老師教，自己也常練習，往往為了一個音，會練上五、六個小時。她的轉音不是只參考日本歌曲，而應該也汲取了民謠小調、黃梅調與平劇唱腔的養分。在一九七四年鳳飛飛就演出黃梅調電視劇《金鑲玉》，並在同名唱片合輯中演唱該劇的黃梅調。平劇唱腔中，常常一個字就有九拐十八彎，這也可能有影響。鳳飛飛於一九八二年的《鳳情千千萬》演唱會中，就曾演唱平劇改編版的〈花木蘭〉一曲，多少也了解平劇唱腔的優點。

然而鳳飛飛翻唱日本歌曲的數量很多，台灣又深受日本文化的影響，因此她的唱腔還是與日本的淵源較深。無論如何，鳳飛飛一出道就有將各種元素轉化成自己獨特風格的能力，這種轉音就是鮮明的例子。

此時期的歌聲雖然沒有後期來得成熟繁複，但剛好符合年輕歌手的青春爛漫，顯露更多的技巧反而不適當。四十二年次的鳳飛飛，出版第一張唱片《祝你幸福》時才十九歲。〈祝你幸福〉為林家慶作曲，林煌坤作詞，詞意溫暖鼓舞，情感真摯，是當時「台灣溫情」的代表作。《祝你幸福》等早期的幾張唱片，還聽得出類似《群星會》時期歌星的唱法，是當時一股流行風潮，而後鳳飛飛很快擺脫模擬，唱出獨屬自己的特色。故作嬌俏扭捏的唱法消失了，小調的感覺減少了，聲音力道從丹田而發，自然舒暢，又不會太過「豪邁」，有恰當的調和。一九七五年年底推出的專輯同名曲〈呼喚〉，堪稱一新耳目的代表作。

〈呼喚〉中氣十足的唱法，接近吶喊的「愛人，你在哪裡？」[1]令人震撼，唱出鳳飛飛的豪氣與穿透力，立即衝破當時流行歌壇，「呼喚」出一片新天地。

這個時期，帶有台語腔的少數咬字也是特色。〈溫暖在秋天〉中，「來的時候莫遲疑」[2]唱成「莫詞疑」。下一時期的名曲〈夢難留〉也是，「相思一重重」[3]唱成「相思一叢叢」，卻歪打正著，別有一番滋味。而跟著「不正確」的咬字而來的，就是鳳式歌曲有土氣、俗味的說法。但如今放在更大的歷史脈絡來看，就能看出當時鳳飛飛這種「俗」的珍奇。

台灣電視在一九六二年開播以來，就是《群星會》獨霸時期，當時清一色都是唱國語歌曲，也培養出了許多國語歌星，如青山、婉曲、王慧蓮等人。鳳飛飛與《群星會》時期有過交疊，但沒有上過這個節目，而是在別的電視節目中漸漸竄紅。鳳飛飛以融混多種元素的「台味」出現，在所有歌星中反而自成一格，變成大眾久旱望雲霓而終於出現的歌聲。巧的是，歷經十四年的《群星會》一停播（一九七六年），翌年鳳飛飛首次主持的電視節目《我愛週末》就開播，並造成轟動，並延續到後來時期的《你愛週末》《一道彩虹》等專屬節目。

事實上，鳳飛飛在此時期像是一個轉接站，將「台味」流行歌傳達給「台味」的台灣民眾。與「洋派」、「豔麗」的女歌星相比，鳳飛飛的腔調與咬字更顯出親切的力量。略帶台味的國語流行歌，從一個來自桃園大溪鄉下女孩的自信，變成了獨樹一幟的招牌，此後在台灣「鳳」行草偃，並流行到星馬等海外地區。

但這並不表示鳳飛飛只是因為「台味」而受到歡迎。優美動人的歌聲仍然是一切的基底，也是穿越省籍、地域的力量。是由於聲音的美質與技藝的精湛，才使得鳳飛飛獲得歌迷廣大的支持。

雖然此時期尚未與瓊瑤合作，鳳飛飛已開始主唱台灣愛情電影主題曲。她的第一首愛情電影主題曲是劉家昌所作的〈串串風鈴響〉。此時正是劉家昌的全盛時期；鳳飛飛演唱劉家昌所譜的電影插曲，包括了〈愛要讓他知道〉〈敲敲門〉〈溫暖在秋天〉〈星語〉等專輯同名曲。此外，鳳飛飛唱紅的劉家昌名曲，還包括了〈碧城故事〉〈小河彎彎〉〈有真情有活力〉〈大自然〉〈溫暖的秋天〉等等。

不過劉家昌的這些名曲，在當時並不是專給鳳飛飛一個人唱，而是別的歌星也能發行唱片。只要是同屬於海山唱片公司的歌手，就能夠灌錄同一首名曲，因為歌曲版權屬於該公司。譬如鳳飛飛發行的專輯同名曲〈五月的花〉，甄妮也唱過。又如〈祝你幸福〉，之前也有人唱過。然而鳳飛飛的獨特處，就是能將別人唱過而仍不見出色的歌曲，以自己的風格將它唱紅，成為名作。

這樣的歌聲到了駱明道作曲的〈楓葉情〉，形成一股驚人熱潮，堪稱鳳飛飛的第一個演藝高峰。這時的台灣已進入了愛情電影的熱潮，《楓葉情》為甄珍、鄧光榮主演的愛情片，並非瓊瑤作品，但這首同名主題曲的成功，形成了大街小巷皆在播放的盛況。

〈楓葉情〉的轉音與日本流行歌明顯不同，顯得寬闊、明亮、激動，啟始的低音穩定有力，立即跳到高音，使人瞬間驚豔，此後進入翩翩躍動的高低震盪，「一片楓葉一片情，片片都有我的愛和憐」[4]，頓點式唱法強而有勁，拉長的高音渾厚亢奮，又穠纖合度的往前而去。

鳳飛飛此時已自創了特殊唱法，不像日本流行歌那樣較狹窄抖動，而顯得爽朗大氣，韻律與節奏都很強。〈呼喚〉的吶喊強度在〈楓葉情〉也有，但經過調和，成為更令大眾喜愛的程度，有抒情，有活力。

在這時期的最後一年，亦即一九七六年一年之內，鳳飛飛竟然出版了二十張唱片！去掉合輯與舊歌重新出版的「金唱片」，則是一年內共出版了十張全新唱片專輯。

《楓葉情》是此時期的最後一張專輯，也代表了這個時期臻至圓熟的演進，並準備揭開下一個時期的新頁。

2 全盛時期：前段——瓊瑤電影主題曲時代（1977-1980）

〈楓葉情〉是鳳飛飛攀升到巨星地位的代表作，但〈我是一片雲〉則可作為她演唱生涯的一個更大分水嶺，承先又啟後，打開此後一連串的瓊瑤電影主題曲的歷史。

因有了〈楓葉情〉等曲的成功，瓊瑤開始找鳳飛飛主唱其電影主題曲，第一首就是左宏元（筆名「古月」）作曲的〈我是一片雲〉，不但以四十五萬張的唱片賣量打破紀錄，也是台灣愛情電影主題曲的最高峰。

瓊瑤寫詞、左宏元作曲、鳳飛飛主唱，在當時號稱「鐵三角」合作，也是電影與唱片的賣座保證。《我是一片雲》電影還沒上映，鳳飛飛已不斷在電視上強打這首同名主題曲，全台流傳，因此當電影播放到主題曲響起時，竟形成觀眾在戲院中大合唱的奇特現象。

以唱片銷量與影響力而言，〈我是一片雲〉是七〇年代愛情電影主題曲的絕代經典，無人能出其右。此後鳳飛飛與瓊瑤電影的合作還包括《奔向彩虹》《月朦朧鳥朦朧》《一顆紅豆》《雁兒在林梢》《金盞花》等專輯。

在演唱詮釋上，〈楓葉情〉很有power，衝勁十足，震盪快而大。〈我是一片雲〉則進入較為細緻的挑戰，低音沈穩感性，高音流麗明朗，上下擺盪幅度極大，但以悠緩有致的方式進行。與〈楓葉情〉不同的是，〈我是一片雲〉首度進入瓊瑤電影的夢幻色彩，嗓音呈現前所未有的優美，以低沈悠緩開始，漸行高亢遠揚，以長高音收尾，「聲」隨魂夢飛，「自在又瀟灑」[5]。

〈我是一片雲〉比〈楓葉情〉更難唱，但鳳飛飛以實力證明她的歌聲能穿過高山低谷、直沖雲霄，「來去無牽掛」[6]，卻完成高難度的詮釋。此曲堪稱鳳飛飛聲音狀態處於飽滿巔峰，演唱技巧又正式臻於圓熟的代表作。

至於其後的〈月朦朧鳥朦朧〉〈一顆紅豆〉〈雁兒在林梢〉〈金盞花〉等瓊瑤電影主題曲，都具有童謠的特色。其中以〈月朦朧鳥朦朧〉與〈金盞花〉最像童謠。與〈我是一片雲〉不同的是，這些歌曲都具有清脆、薄透、嬌甜、孩童般嗓音的特色，不明顯的運用力道，聽來簡單，唱來困難，因為鳳飛飛幾乎從不簡單的以童謠方式來詮釋歌曲，像「校園民歌」那樣。在這些歌曲中，鳳飛飛以許多轉音與技巧將簡單的歌曲唱得豐潤飽滿，在簡單中有極微妙的繁複。

這是一種新挑戰，在唱法上必須表現出天真無邪、如夢似幻之感，是一種「可愛」風，穿行在中國詩詞的優美之中。台灣在當時並沒有言明也不流行「可愛」一詞，不像日本那樣一直是歷久彌新的傳統，但這些歌曲其實都滲透了「可愛」元素，令人在觀賞瓊瑤電影時進入無憂無慮、青春柔美的情境。〈月朦朧鳥朦朧〉的嗓音細緻到有一種透明感，彷彿一片裹糖的玻璃紙，像童謠，卻不能只是童謠。

〈月朦朧鳥朦朧〉的另一特色是往往以單音呈現，其技巧就是「晚風叩簾櫳」[7]的「叩」，曲子抒情緩慢，卻又以短促的「叩法」來扣住一個個聲音，而後又舒放開來，欲收不收，欲扣還留，如此一再反覆，長短錯落交融，唱出一首既像兒歌又浪漫夢幻的情歌。

〈花有情花有愛〉與〈月〉曲一樣，都有難得一見的「小女孩唱法」，但技巧又再翻新，在開頭與收尾，都以極細膩純淨的高音表現，甜美幼嫩，尾聲是一條細長的情絲，直直前去而不絕如縷。此種「類童謠」並不好唱，但更能顯出鳳飛飛的技藝。字少而音多，鳳飛飛就在一個字上躍動出許多音，字越少，越能顯出她轉音的優美靈動。

瓊瑤電影標榜高檔、高品味、外省人的愛情，而又能讓台灣土生土長的觀眾感動，鳳飛飛帶著「台味」的歌聲是一個調和劑，中和了「本省」與「外省」——這又是一個兼容並蓄的例子。事實上，鳳飛飛的歌聲在每個時期都具有折衝、折衷、容納的功能。鳳飛飛的通俗，是大格局的通俗，能以寬大胸懷來包容種種矛盾。在早期她的歌聲是「日本」與「台灣」融混後的創意，在此時期則是融混了「本省」與「外省」。

論者對鳳飛飛有「十年霸業」之稱，指的大約是從一九七六年到一九八六年。在一九七六年鳳飛飛從海山唱片跳槽到歌林唱片，一直到一九八六年大體上都與歌林合作（期間曾與另兩家唱片公司合作），因此有人將鳳飛飛極盛時期稱為「歌林時期」。

其實若談「霸業」，另一個分法是看鳳飛飛主持電視綜藝節目的期間。當時這些節目的收視率大都在百分之三十到四十之間，《你愛週末》甚至高到百分之五十到六十。主持這些節目的時期，就是她最當紅的時代。鳳飛飛有「綜藝祖師婆」之稱，因為在《群星會》還是許多歌星齊聚一堂的「群龍無首」，但自從她的《我愛週末》之後，台灣電視首度進入了紅歌星「入主」專屬個人節目的時代。當時鳳飛飛號稱主持人，其實更是靈魂人物，除了最主要的歌唱，說學逗笑也都要靠她一人，觀眾也是衝著她一人而來。

這個從《我愛週末》到《我愛彩虹》的專屬電視節目時代（一九七六至一九八七），也大致與「歌林時期」相符。《我愛週末》還開了風氣之先，進行現場直播。這個台灣前所未有的創意，造成歌手與觀眾的直接互動，尤其在節目尾聲，鳳飛飛走到台下邊唱歌邊與觀眾握手，既是當時鳳式招牌的情景，也是近年來演唱會時期繼續進行的盛況。

這個時期不但是鳳飛飛的極盛期，也是兼容並蓄期，幾乎無所不包。她不只演唱流行歌曲，也出版閩南語民謠專輯、懷念國語老歌專輯、《阿里郎》、《蘋果花》等國外民謠專輯！

在一九七七年，鳳飛飛錄製《心酸酸：閩南語專輯第一集》，開始了台灣歌謠系列，到一九八二年一共錄了四集，唱了四十二首經典名曲，才暫告一段落。

藉由這四張專輯，鳳飛飛打開了台灣民謠的哀愁狹隘，唱出了一種明朗的亮度。從日據時代到七〇年代，台灣本地人的流行歌常帶著怨嘆命運的悲苦，比較小家子氣，但在鳳飛飛出現之後，整體的音感改變了。鳳飛飛的歌聲與走向繁榮的台灣社會亦步亦趨，出現陽光般的開闊氣息。她唱歡快的民謠如〈白牡丹〉〈青春嶺〉等，都有前所未有的喜悦、大氣與新鮮感。她唱哀愁的台語歌曲，亦不像日本演歌悲哀得像哭泣，也不像台灣「那卡西」的滄桑江湖味，總能將之化解，使人能夠與歌聲共鳴，又能在餘韻裊裊中釋懷舒放。如〈黃昏城〉一曲原是愁怨小調，鳳飛飛卻唱成一首具有現代感的大歌，時而悠緩華美，忽而明快婉轉。這樣的台語歌謠演唱，既有土地的根性，又有寬和清暢之氣，堪稱「正韻」。

至於國語老歌系列，周璇式的細聲細氣不見了，被鳳飛飛唱成較為大方、活潑、現代的風格。〈歌迷小姐〉〈瘋狂週末〉就很動感，後者更唱成精彩的阿哥哥舞曲。〈聞笛〉〈太湖船〉則清新純淨，也都膾炙人口。

3 全盛時期：後段——西洋養分時代（1981-1987）

這個七年，鳳飛飛脫離瓊瑤電影主題曲的色彩，進入新的階段。此時瓊瑤電影式微，「校園民歌」正風起雲湧，形成一股龐大的趨勢，鳳飛飛也做出因應的轉變。其實前一年出版的《金盞花》《就是溜溜的她》已經滲透了「校園民歌」的風格，唱得簡單親切，貼近現代民謠風與童謠風。但這兩張專輯還沒有特別明顯的西洋養分，一直到異軍突起的《愛你在心口難開》（1981）。

「校園民歌」從西洋民謠與搖滾樂吸收了許多元素，此時台灣歌壇的氛圍丕變，「民歌手」當道，但鳳飛飛無意跟隨「校園民歌」風潮，從別處尋找新契機，《愛你在心口難開》可謂成功的突破。

專輯同名曲〈愛你在心口難開〉，翻唱自西洋名曲"I Love You More Than I Can Say"，加入了西洋的演唱技巧與風格，此曲一開始的「Oh～Yeh～」唱得瀟灑帥氣，是鳳飛飛個性的流露，渾成自然。尤其是末尾的R&B的無字吟唱，忽然婉轉飆高。帶有爵士藍調的即興唱法，在此時期赫然出現。

〈相思爬上心底〉（1983）也許是鳳飛飛最俏皮的經典情歌，輕快緊湊，風味殊異，在末段也出現了即興的無字吟唱，將最後一字的「底」一頓一頓拉長成精彩的收尾。這種唱法很奇怪的令人想起平劇的吟唱，「咦～咦～咦～」的壓低唱過去，卻變成現代而巧妙的鳳式轉音。

《愛》專輯成功之後，鳳飛飛乘勝追擊，同年再推出具有西洋風格的《好好愛我》。專輯同名曲〈好好愛我〉原本是日本樂手高中正義的電吉他演奏樂曲，但具有俏皮的「西洋＋東洋」風味。台灣將之填上歌詞後，就變成流行歌。鳳飛飛消化此演奏曲，再以自己的方式演繹出來，為經典名曲再添一首。

《出外的人》（1983）首度找了知名民歌手馬兆駿寫曲，合作出〈好好把握〉。此曲中「千萬不要錯過、喔、喔、喔～」[7]的頓點唱法也比較是從西洋歌曲中轉化而來。

此時期的聲音比之前更為細緻，有晶瑩剔透之感，在忽然轉高音時尤其精彩。之前時期的高音多是以真音「衝」上去，在此時則往往沒有「衝」的痕跡，自在轉上去，大量使用真假音轉換，如〈彩色的愛〉，第一句就漂亮的轉成高八度假音。

這個時期也是技巧進入新的圓熟階段，出現收斂之美，情感與技巧更微妙，在細部的處理上更精緻，堪稱爐火純青。前兩個時期的衝勁往往收起來，即使高音也以較細膩的方式唱出。

一九八四年的《仲夏》，風格又再小幅翻新，進入更新鮮輕快的節奏。夏威夷風味的〈夏豔〉、台灣氣息的〈夏的季節〉〈涼啊涼〉皆為代表作。

號稱鳳飛飛「首張概念性專輯」的《仲夏》，堪稱顛覆性的寫實之作。劉家昌在全盛時期總愛描寫秋天，但副熱帶的台灣其實不太有「楓紅」，而以較熱的夏天為特色。這時鳳飛飛唱出夏天，非常適合她性格中的「夏天」部分。早期的俏皮又回來了。不是秋天的故作浪漫，而是直接、嬌俏、熱鬧好玩的。

當然，此時期的直接，已經與第一時期的直接不同了，是「見山又是山」的直接。

此時期是不斷改變唱法，推陳出新的階段。瓊瑤電影與其他愛情電影主題曲的流行風潮，形成窠臼，鳳飛飛在此時期就盡量突破，加入許多從西洋歌曲吸收而來的新元素與新體會。合作的人選也加入一時俊彥，作曲者包括當時的民歌手如馬兆駿、童安格等人。然而即使是民歌手作品，鳳飛飛也都唱成自己的韻味，非常容易辨認。譬如馬兆駿的〈好好把握〉〈飛躍〉（1983）〈什麼樣的你〉（1987）由她詮釋出來，仍是鳳式風格。

〈飛躍〉是鳳飛飛自己作詞的作品。全長三分四十九秒的此曲，在最後也有很長的R＆B無字吟唱，飛揚跌宕將近一分鐘，有無窮無盡之意，堪稱鳳氏花腔又一經典。

〈什麼樣的你〉吟詠對於戀慕的人的喜悅，唱來彷彿毫不費力，恬淡流麗，自然情深，卻有最甜美的音色，最圓熟的技巧。由於「校園民歌」強調清新無華，在這首歌裡鳳飛飛不露出炫技痕跡，將技巧融為無形，把歌曲詮釋得清新又溫柔。

《仲夏》又抓到鳳飛飛的個人特色，再掀風潮。但《掌聲響起》（1986）才更是為鳳飛飛量身打造的代表作，具有自傳性，貼近她個人的內心世界。專輯同名曲是根據鳳飛飛演藝生涯的心情寫就，引起她很深的感觸。此時她已出道十八年，起起伏伏的舞台人生，讓她演唱此曲時往往忍不住流下淚水。

這時期的另一個新演唱技巧，是將高八度的聲音與原有的聲音「疊」在一起，同時唱出形成合音。這兩個聲部都是鳳飛飛自己唱出，需要更為精細的錄音後製。這種高音拉得極高，有時甚至高到不適合單獨聽，是只為了合音而唱。這樣的合音需要極高的嗓音表現，是鳳飛飛此時期再進化的表徵之一。

這樣的合音最早可能出於〈花有情花有愛〉的開頭，但是到了《你來了》《我是中國人》（1982）更為大量運用，而在《相思爬上心底》（1983）達到巔峰。《相思》專輯中的〈拜訪〉，不僅滲入爵士風味的吟哦，再度運用高度技巧的兩部合音，全曲歌聲部分約有二分十秒，有六十秒左右都以雙聲相疊進行，占了將近一半時間，是鳳飛飛展現最長雙部合音的一首歌。

這時候鳳飛飛的另一成就顯現了：她的歌路極為寬廣，幾乎什麼歌都能唱，無論國語、台語、新歌、老歌、黃梅調、小調、氣勢磅礡的歌曲她都拿手。歡樂、哀傷、夢幻、豪氣、激動等種種不同情感，她都能表達得淋漓盡致。在風格上，她又千變萬化，東洋、西洋、中國、台灣等養分全部吸收消化，集其大成。

從一九七〇到九〇年代，鳳飛飛堪稱歌路最寬廣的歌手。直到二十一世紀的今天，也許有重搖滾、野性、迷幻等新曲風，但以歌路的寬廣度而言，仍然少有人能與鳳飛飛相比。

4 產子後復出時期（1991-1993）

一九八八年鳳飛飛傳出懷孕消息，從這一年到一九九〇年都沒有發表新作品，只推出一張二十週年精選專輯，打破每一年都出新專輯的慣例。一九八九年她生下兒子，休養生息到一九九一年才推出新唱片。

此時期鳳飛飛也以特別精緻的專輯製作聞名，「量身訂做」的概念相當明顯，羅大佑作曲的〈心肝寶貝〉尤其是此一概念下的代表作。此曲中有嬰兒笑聲，乃是鳳飛飛獨子的錄音，創意可見一斑。王菲的〈童〉主題相近，也搭配了自己初生女嬰的笑聲，但已非首創。

此時的鳳飛飛越加重質不重量，與陳揚、羅大佑、黃霑等人合作推出《浮世情懷》專輯（1991）。羅大佑作曲的〈追夢人〉〈心肝寶貝〉都是其中名作。其後羅又在《想要彈同調》譜寫了〈牽成阮的愛〉。

此時鳳飛飛的音質有個重要的改變：明顯降低了，音域窄了一些。也許是生子的關係，也可能是年齡的因素——此時她三十九歲。比之於前作，〈追夢人〉的嗓音比較低沈，詞意也悠遠深沈。

一九九二年鳳飛飛則與小野等人合作，出版《想要彈同調》專輯。此時鳳飛飛等於進入一種反芻階段，流露前所未有的人文情懷。《同調》是具有歷史感的台灣歌謠專輯，鳳飛飛以鉤沈、重新詮釋、進而保存寶藏的心情，將某些失傳已久的台灣名曲一一灌錄下來。

〈想要彈同調〉就是如此被搶救下來而繼續流傳的代表作。此曲雖然也低沈，卻唱出「怨而不怒，哀而不傷」的胸懷，是大器之作。這首歌其實非常難唱，音域幅度並不大，容易流於平淡，鳳飛飛卻將內斂的情感唱出神采，曲盡微妙，又寬和正大。

唱這些台灣民謠時，四十歲的鳳飛飛顯出一種低沈悠緩的風格。許多歌堪稱臻入化境，許多難唱的地方都被化開了，如浮雲化在夕陽霞彩裡，形成一種純粹的詩境。

此張專輯有黃昏感，彷彿夕陽無限好的情境，如〈淡水暮色〉的「日頭漸漸沈落西，水面染五彩」[8]，唱得悠然散淡，用了些許氣音，彷彿彩霞在天空緩緩變換，卻迅即消逝。

〈阮若打開心內門窗〉也是被鳳飛飛唱紅的台語老歌，透露一種迎向天光的希望，也期盼台灣歌謠的未來。此專輯也收錄新的台語歌，如〈心肝寶貝〉〈牽成阮的愛〉等，有承先啟後之意，以新創作來延續閩南語歌曲的生命。這些「新曲」到現在仍廣為傳唱，歷久不衰，有繼承台灣老民謠之勢。

《同調》的成功，使鳳飛飛於一九九五年推出續集《想要彈同調2──思念的歌》。新作〈思念的歌〉格局很大；在外鄉流浪的人，「思念親像山連山，一山盤過又一山」[9]，唱得盪氣迴腸，反而有豪壯的浪遊之感，是一首具有史詩性質的大歌。在孤獨又廣闊的流浪世界裡，山巒連綿，人變得很小很小，幸好有故鄉的一根線牽著主角邁向歸途，不致離散。

此專輯中，鳳飛飛也演唱了由潘越雲唱紅的〈情字這條路〉，風格卻大異其趣，以接近爵士即興的唱法逆轉原來版本。潘越雲的版本偏向哀怨，然而鳳飛飛在無奈感嘆中，竟又唱出一種幽默與瀟灑。這幽默感很重要，很鳳飛飛，也很叛逆。變成快板的〈情字這條路〉唱來是一種愁怨，卻又看開了，可以笑笑自嘲的胸懷。

一九九三年的《驛站》，是鳳飛飛目前最後一張全新作品的專輯，與具有人文氣質的詞曲創作人合作。作曲有陳揚、李泰祥等人，作詞則有作家如林清玄、張曼娟、李格弟（即詩人夏宇）、路寒袖、陳克華等人。此張專輯也相當雅致，但除了新台語歌〈四月望雨〉一曲優美深刻，其他的歌曲大都有點進退維谷。

鳳飛飛一向好在奇正相生，雅俗互動。此張專輯大量採用現代詩的美感與白話的語調，感慨人生際遇，卻出現一種稀釋過後的平淡，少了奇特的「鳳味」。這時期也是鳳飛飛最感時不我予的階段，出了六張個人專輯之後，從一九九三年起到二〇〇三年，鳳飛飛都沒有推出作品，也不再於電視曝光，形同半退隱。

5 演唱會時期（2003-）

此時期的最大特色就是更為低沈的聲音，更爐火純青的心境與技巧，忽然柳暗花明，別開生面。

隨著年齡的變化，鳳飛飛的聲音呈現出低沈特色，原來的歌曲必須降key演唱。但她冶煉出一種新唱法，既配合此種聲音的特質，也切合她的心境與人生體會。此時期可稱為「秋天時期」，因為她獻給歌迷的第一首歌就是〈溫暖的秋天〉，也符合她的年齡與心境。

比較兩種版本的〈溫暖的秋天〉，就知道此時期的精彩。演唱會版本的〈秋〉曲更為豐潤飽滿，繽紛得彷彿秋天落葉所有色澤之總和。鳳飛飛將低音運用得沈穩有定力，又大量運用具有抖音、轉音、滑音、裝飾音的花腔，不慍不火，多層次的詮釋，將偏向黯秋的天色「轉成碧綠葉層層」，再生光華。

若說早期的〈秋〉曲是一支明亮的小喇叭，此時的〈秋〉曲光是歌聲本身就是一組管弦樂隊，變化多端而又繁複和諧，落葉琳琅，飛揚跌宕，低迴不盡。

早期「秋」曲在高音部分比較「衝」，會忽然將某一字衝成假音

（如「任秋風吹落葉飄」[10]的「秋」），但在此期每個字都是較柔和彼此連結，高低音之間以滑動的方式銜接，不再讓高音獨自衝出。

在失去以往某些清亮甜潤的音色之後，鳳飛飛勢必以現有音質與其他技巧來補足。她必須巧為設計。原來名曲的特色必須保留，而又必須唱出新意，這是一個頗為困難的挑戰——在歌藝考驗上，這的確是一場「歌聲與歲月之旅」，在旅程中必須穿越、整合、彈性運用三十多年的功力。

此時期的特色包括較低的嗓音、較綿密的技巧、更為活潑的鳳式R&B、母性聲音等等。許多歌曲都不斷搖轉、遊移、欲去還留、似收不收，餘韻裊裊。

此時期呈現了最明顯的母性歌聲。鳳飛飛以往就曾流露的「大地之母」特質，在此時變得更明顯，也更動人。

二〇〇五年演唱會中，沖繩民謠〈花〉（Hana）一曲是對於生命長河的吟哦，只以簡單的吉他伴奏，卻呈現深沈動人的韻味。這是沒有到中年之後不能詮釋好的一首歌。在這裡，鳳飛飛展現了很成熟的低音，低到像一條比草地更貼近大地的河流，一切釋懷而低迴，蜿蜒不斷，無窮無盡。

二〇〇三年的〈心影〉也是傑作，「落花流水悠悠」[11]，悠悠不盡，彷彿小河淌水般的嗚咽，令人疑心她喉嚨裡是否裝了彈簧，很「鬆」，很流動，餘韻不盡。

但此時期並非只是變得悠緩深沈，有的詮釋則加快，變得更現代、更活潑、更自由。如〈楓葉情〉就以一種「鳳式R＆B」的無字吟唱收尾，分成三小段悠悠的轉，婉若游龍，最後游進看不見的楓林深處。強而有力的頓點唱法，在此與飄渺遊移的無字吟唱相互陪襯，成為更為飽滿參差、層次更多的歌曲。

此時期的「新」，是與「懷舊」調和，又必須與時俱進的新，因此在原來版本上有許多驚喜的突破。轉音也有變化，尤其在二〇〇七年演唱會版〈花有情花有愛〉的收尾中，「訴情懷，訴情懷」[12]轉成高八度，又再搖轉飆高，像煙火飛上天際，一聲聲竄高爆放，在瞬間驚豔連連。

在歷經二〇〇三、二〇〇五、二〇〇七三年的演唱會之後，鳳飛飛已經又創造出一種新唱腔、新風格，令許多歌迷更為喜愛，甚至有不少歌迷喜歡此時期的歌曲詮釋勝於過去的版本。

二〇〇四年出版的《鳳飛飛出道三十五週年紀念專輯》，就是演唱會的現場錄音，證明鳳飛飛的演唱功力能更上層樓，與時俱進，並非單純的「回顧」或「懷舊」，又能展現出宏大氣度。

到此時我們終於清楚發現，鳳飛飛的歌聲與技藝具有一種殊異性（strangeness）。是這種殊異性使得鳳飛飛與別的歌手不一樣，卓然成家。她的歌聲在令人感覺親切的同時，卻又總是有點不同，有點特別，令人驚喜。她最好的歌曲總是不順理成章的「落套」，反而有點「跳」，嘎嘎獨步。的確就像一隻鳳凰，她的歌聲具有一種珍奇之感。不管是什麼歌，是國語、台語、別人唱過的歌，只要被鳳飛飛唱過，就變成她自己的歌。這種詮釋能力，使她所唱過的所有歌曲都富有一種「鳳味」，辨識度極高，一聽就不會忘記，別人也無法模仿。美國大評家哈洛・卜倫在斷定何為文學正典（cannon）時，就以作家的「殊異性」作為最重要的標準。其實以此標準來看鳳飛飛，亦能看出她歌聲的珍貴。

也因此，與其說鳳飛飛是遵循「台灣味」來唱歌，還不如說是鳳飛飛的歌聲創造、增添了一種「台灣味」。「台灣味」由種種特質、味道所組成，而「鳳味」為其中相當重要的一種。

而從另一方面看，鳳飛飛的歌聲已超越了「台灣味」的地域、時代，而進入一種放諸四海，皆能為人所欣賞的境界。

流行歌手唱歌，由於其通俗本質，必須融入當時社會氛圍，創造最多聽眾的共鳴；然而像鳳飛飛這樣的好歌手，又具有一種殊異性、一種珍奇性，既合於時代潮流，又能超越時代，創造從過去、現在流傳到未來的經典。

鳳飛飛的歌聲，就是這樣的「正典」歌聲。

3 風格與文化

Style & Culture

就是溜溜的她

鳳飛飛的跨性別表演

關於鳳飛飛的巨星魅力（charisma），有一個特色是鳳迷與媒體都津津樂道的。那就是鳳飛飛的「中性」形象。但我老是覺得奇怪。什麼叫中性？有這種東西存在嗎？

中性這個詞，往往給人一種無性的感覺，好像在模糊的形容青春期前的小學生、尼姑、和尚，不具有性別的特徵。「中性」是收斂的，最多也只是一種「中和」，一種「中庸之道」；好像是在往兩個性別的極端靠攏，然後到了剛好在中間的一個點。

與其說鳳飛飛中性，我認為還是說「雙性」或「跨性別」好一點。一個人天生有陰、陽雙性的特質與潛能。如果沒被壓抑的話，這個人就能展現出來。

「雙性」不是往中間靠攏，而是跨界、逾越、滲漏、遊移不定。「雙性」是男女通吃，是左右逢源，是陰陽兼容。

一般的媒體與一般的鳳迷，會稱呼鳳飛飛「中性歌手」，大概是因為這樣說比較安全，彷彿「中性」是個朦朧的灰色地帶。如果稱鳳飛飛是「雙性特質的歌手」、「具有雌雄同體魅力的歌手」，恐怕有些鳳迷就會感到困惑與緊張，而這背後隱藏著害怕被主流社會排斥的恐懼。

中外影藝界的巨星，有不少男女都具有雌雄同體的魅力。鳳飛飛的雌雄同體魅力，也是她成為超級巨星的原因之一。鳳迷會用「帥氣」、「瀟灑」來形容她。鳳迷喜歡她穿軍裝、風衣、長褲、戴俏皮帽子。鳳迷喜歡她爽朗、陽光、俏皮、大剌剌的「男孩子氣」；也同時著迷她的撒嬌、可愛、溫柔、愛流淚，與近期相當明顯的母性的聲音。

許多人以為鳳飛飛的中性魅力或雙性魅力跟凌波、楊麗花一樣，是來自同一個傳統，其實不然。她是完全不一樣的。凌波、楊麗花只有在「女扮男裝」時才有魅力。但鳳飛飛不是女扮男裝，她本人是以「女性」出現的。

凌波只能唱國語、楊麗花只能唱台語。但鳳飛飛不一樣，她是國台語都極為傑出。就像鳳飛飛是國台語雙聲帶，她也是雌雄同體的（androgynous）。

凌波有到底要拿「最佳男主角」或「最佳女主角」的問題，但鳳飛飛沒有這類的問題，她很清楚的就是一個女歌手。凌波、楊麗花的表演是上溯一個中國的戲曲傳統，亦即是「男扮女裝」與「女扮男裝」的文化。但這個傳統，在扮演上還是限定在一種性別的框架之中。

鳳飛飛不一樣，她在表演與裝扮上都是雙性的、跨性別的。鳳飛飛本人以女性的身分表演，然而無論她穿女裝或「男性化」裝扮時，都富有魅力。所以在探討鳳飛飛的性別魅力上，不能跟淩波、楊麗花一概而論。我們最多只能說，在鳳飛飛之前有這樣的「女扮男裝」的反串傳統，然而鳳飛飛的自創性太強，以至於不能被限制在反串的框架裡。那個框架太小了，也比較不自由。

放眼歌壇，這麼具有「雙性裝扮」魅力的歌后，也只有鳳飛飛一人而已。歌壇、影壇上既沒有前例，到現在也沒有這麼有雙性創意的歌后。這就是一種「台客精神」，融混東西方多種元素，再加上自己原有的，就成了一種獨特魅力。不只是在歌藝，也是在造型、形象魅力上。

台灣布袋戲大師黃俊雄，不管是男是女的戲偶角色，都能以極為精湛的聲口配音，一人忽男忽女，而他扮演女性的聲音如此傳神生動，媲美平劇的乾旦（男扮女裝的旦角），就是一種藝術家的融混精神，不但多元、充滿彈性，也極力擴張表演的幅度，不斷在邊疆上開發。

然而黃俊雄本人不能露臉。他只能透過種種戲偶傳達「性別越界」的魅力與戲劇張力。淩波也多半在沒有現場觀眾的攝影棚演出，並以銀幕形象與觀眾溝通。楊麗花除了演戲，也不需要跟觀眾說話或對話。但是鳳飛飛不但要露臉，還要全身出現在觀眾眼前。她必得整個人的投入去進行「性別表演」，與觀眾進行最直接的互動。沒有了「反串」護身，她的「跨性別表演」也是更坦誠、更暴露在觀眾面前的。

鳳飛飛的造型源頭有不少，除了淩波與楊麗花形成的男扮女裝傳統之外，美空雲雀、寶塚歌舞團、山口百惠等，都是她參考的養分。此外，還有美國的歌后芭芭拉．史翠珊。也因為這種跨性別的特質，鳳飛飛可以說是台灣第一位「百變歌后」，她既可嫵媚動人，又可瀟灑自在，在造型取材上變化豐富，能夠不斷翻新。也許「百變造型」還有其他原因，但「跨性別特質」絕對是數一數二的因素。其實鳳飛飛一向以面容樸素，「不濃妝豔抹」聞名，然而這並不代表她的造型平凡樸素，也許反而因為這樣，她在「跨性別造型」上才能有更靈活、更大的變化，勝過許多同期女性紅星。

要先大致了解這個脈絡，我們才可以進一步討論鳳飛飛在台灣造成巨大風靡的種種原因，並了解到她雌雄同體魅力的養分，原來東西方皆有。

淩波、楊麗花「反串」受歡迎的背景

在台灣早期的電影、電視歷史上，有兩個女性巨星值得討論，一個是凌波，一個是楊麗花（一九六六年以電視歌仔戲反串小生竄紅）。凌波以電影《梁山伯與祝英台》（1963）所引起的萬人空巷狂潮，十之八九都是因為女性粉絲。因為當時的傳統舊社會，女性那樣大膽的去愛慕一個男性，即使是螢幕上的男性，都是犯忌。於是愛慕一個女扮男裝的女演員，變成了一個合宜的出口，讓廣大女性被壓抑的熱情能夠宣泄。

廣大的傳統女性的愛與熱情，有如氾濫洪流一般，是一直在等待著流出的管道的，因為她們有極為充沛的情感。直到今日，女粉絲也還是比男粉絲要多得多，熱情得多。傳統女性的浪漫熱情往往是被社會壓抑的。藉著凌波，女粉絲們才可以放膽喊出熱烈的愛慕之情。這是被男性准許的，因為她們愛的是一個女人，是安全的。設想一下，假如這位巨星是男性，那麼他將引起多少男性的妒忌與可能的攻擊？女性粉絲又將遭到其丈夫多少的壓制？同樣的例子也發生在楊麗花身上（一九七〇年代堪稱楊麗花的黃金時期）。女粉絲愛慕楊麗花也一樣安全，不會受到傳統男性的反對或壓制。

這是一種安全的「同性戀」，一種雙性奇妙融混的愛慕與投射。當然，不是所有女扮男裝的女星都能受到歡迎。她們一定要具備雌雄同體的魅力，才能成為巨星。像凌波，扮成男裝是俊美小生，粉妝玉琢，是喜歡溫柔男人的女性夢寐以求的對象。楊麗花則是濃眉大眼有英氣，堪稱「俊帥小生」。粉絲在真實人生中碰不到這樣的男人，就把浪漫情感投射到凌波、楊麗花身上。

類似的例子也發生在鳳飛飛的身上，但此時已演進成不需要將感情投射在「反串」的角色上，而是直接投射在並無反串演出的女歌手本人。根據資深鳳迷文文小姐非正式的調查，以往的全盛時期，會參加《你愛週末》《我愛週末》《一道彩虹》《飛上彩虹》等鳳飛飛主持的現場節目，並有「追星」活動的鳳迷的女男比例是九比一。二〇〇三年演唱會之後，則大概是七比三。這並不是也無法是科學性的詳盡統計，但至少反映出一個大致的現象——女性粉絲遠遠多過男性。這與現在的女粉絲喜歡男歌手，男粉絲喜歡女歌手的慣例，並不相同。

在全盛時期，鳳迷們多為女性，尤其是年輕女性。女孩們瘋狂的追逐著鳳飛飛，熱烈程度就跟現在少女追逐男性偶像一樣。在鳳飛飛所主持、於豪華酒店現場錄製的《飛上彩虹》節目中，可以看見攝影機照得到的前面幾排的觀眾，全都是年輕女性。

凌波、楊麗花、鳳飛飛三人均非同性戀者（至少在媒體報導上沒有「同性戀疑雲」），在現實生活中都結婚生子（楊沒有生子），既維持傳統的社會體制，又以雌雄同體的形象在暗中鬆動僵化的性別框架。但鳳飛飛與凌波、楊麗花之不同，不但在於她不是從戲曲的傳統背景而來，也是更先進的，前無來者的在流行歌壇上樹立自己雌雄同體的風格。

再者，鳳飛飛並沒有「女扮男裝」，她本身是以女性出現，而具有雌雄同體的魅力。她是亦男亦女，剛柔並濟的。

有一種普遍受到認同的說法指出，鳳飛飛受到了台灣無數「工廠女工」的愛戴，是因為鳳飛飛從一個鄉下女孩蛻變成一顆巨星，這為她們彰顯了一個奮鬥成功的夢想——一個「台灣夢」，也是一個明星夢。除了「工廠女工」，也有許多其他中下階層的女性工作人員，而在省籍上多半是台灣土生土長的。這種說法自有道理，只是單以階級觀點來看，略嫌狹隘，忽略了鳳飛飛在「雙性魅力」與「性別表演」上的現象與成就，以及鳳迷對她的感情投射與互動。

鳳飛飛造型的養分與特徵

在鳳飛飛之前，除了凌波與楊麗花，日本的「寶塚歌舞團」，也是以女扮男裝為號召的。小林一三於一九一三年創立「寶塚唱歌隊」，之後於一九四〇年正式改稱為「寶塚歌舞團」。寶塚的團員清一色皆是未婚女性，以女扮男裝的華麗舞台演出，在日本造成轟動，到今日仍有演出。在台灣曾經有「藝霞歌舞團」，就是以模仿寶塚的模式而打造出來的。

我記得小時候被大人帶去看過藝霞歌舞團的表演。就是演出歐洲王子與公主的浪漫愛情戲碼，而王子由女性扮演。「男主角」的服裝是白襯衫、燈籠袖、緊身長褲。造型上除了化妝要濃眉大眼，浪漫又帥氣的劉海也是一個重點。

假如現在新一代的讀者不明白這樣的描述，只要看看流行的日本漫畫如《流星花園》（後來改拍成賣座的電視偶像劇）中的男主角，就可略知一二。寶塚、藝霞，或日本少女漫畫中的「男主角」造型，可謂一脈相承。

寶塚是華麗的、濃妝的、浪漫的。在演出上，鳳飛飛偶爾會流露寶塚的一縷幽魂。尤其她在二〇〇五年演唱會的某些裝扮，特別是六、七〇年代的那種髮型，搽了油的「劉海片」貼在前額，造成一種特殊的、後現代的懷舊效果。這是一種可愛的女扮男裝髮型，經常為寶塚的「男主角」所採用。寶塚有歐洲的俊美王子的幻想，而鳳飛飛在造型上多少挪用了一些。

然而鳳飛飛絕不是沿用了「寶塚」。寶塚必須「反串」，但鳳飛飛就是以她自然的生理性別去呈現她的雙性魅力。這一切的造型與意象都是根據她自己的個性而來的，不是被唱片公司塑造出來的，也脫逸出「反串」的簡單架構之外。

再以日本國寶級歌手美空雲雀（1937-1989）為例，她在形象塑造上與演出上，也不為柔弱嬌豔女性的刻板框架所限制。鳳飛飛與美空雲雀有一些相通之處，譬如都不走嬌豔路線，都豪爽灑脫，也以出色的轉音著稱。她們也都有歌壇大姐大的氣魄——這可是一點都不陰柔的。然而鳳飛飛並沒有被籠罩在日本巨星的陰影之下，而只是拿她所能取的養分，進而琢磨出屬於自己的性別特色，譬如她的造型、演出與歌唱風格，與美空雲雀都不相像。

此外，鳳飛飛很喜愛的美國歌手芭芭拉．史翠珊也是她的養分。她在○五年演唱會中演繹史翠珊的〈往日情懷〉，就是個證明。鳳飛飛是幾乎不唱英語歌的歌手，此曲是她在○三年到○七年唱的唯一一首英語歌。鳳飛飛在○五年演唱會的舞台上，訴說當她聽到芭芭拉．史翠珊唱這首歌，就想著希望在哪一天，自己也能夠演唱這首歌。

芭芭拉．史翠珊本人也有雌雄同體的表演魅力，也對此有所自覺，她甚至演過西方版的《梁祝》——《楊朵》（*Yentl, 1983*）。這部由史翠珊自導自演的電影，是敘述在舊時代的東歐，一個猶太女孩女扮男裝到男校念書，不僅要與男生一樣苦讀奮鬥，也與男同學發生戀愛的故事。

然後資深鳳迷就一定會想到——對了，鳳飛飛不是在一九八二年的《鳳情千千萬》義演晚會中，在國父紀念館以平劇花木蘭的戰袍戲服與扮相登場，演唱過〈花木蘭〉嗎？

當然鳳迷們也更容易想到，在〇七年演唱會中，鳳飛飛自己找出來一張老照片，打在銀幕上——她與林青霞合演一齣《紅樓夢》電視短劇，她扮演賈寶玉，林扮演林黛玉。真奇怪，鳳飛飛在古裝扮相中，總是扮演男生比較討喜，但林青霞真是亦男亦女，既在電影版《紅樓夢》中扮演賈寶玉，又可扮演林黛玉；不但是瓊瑤電影的第一美女，又以「東方不敗」形象再度翻紅。

林青霞亦男亦女、雌雄同體的形象魅力，是華人影壇稀有的重要成就。林青霞這位絕世美女的男女通吃，甚至讓人想到也許「美」到了極處，就會出現雌雄同體的神光離合。

在較次要的表演中，鳳飛飛也有許多反串演出。除了與林青霞演出《紅樓夢》段落，也曾反串過《江山美人》中的正德皇帝演唱黃梅調，男歌迷反而反串為「鳳姐」。

鳳飛飛反串的歷史最早可以追溯到一九七五年，那年她與楊欣、藍毓莉合演黃梅調電視劇《金鑲玉》，就反串男角，其後並出版了唱片合輯《金鑲玉》。

一九九三年，鳳飛飛則在金馬獎晚會上反串梁山伯，先與影星葉玉卿合唱〈樓台會〉，之後隨即又與王靜瑩合唱〈草橋結拜〉，接著再與邱淑貞合唱〈十八相送〉，以一對三。三位女星皆飾演祝英台，輪番與鳳飛飛演出對手戲。

一九八七年，她則與楊麗花合演《唐伯虎點秋香》段落，在此鳳飛飛終於演出女角，讓位給楊麗花演出男角。此一合作更說明了楊麗花只能是傳統的反串表演，而鳳飛飛比較能勝任富彈性的跨性別表演。

這些看似次要、遊戲性的表演，顯示了鳳飛飛是個從華人影藝界的反串傳統中過渡到更自由的「跨性別表演」的突破。

當然，鳳飛飛的雙性魅力又與林青霞的不同。鳳飛飛不是靠美貌，而是一種大剌剌的爽朗氣質，加上帽子、長褲的裝扮，形成一種雌雄同體的魅力。像侯孝賢這種很會看出明星本人特質的導演，就讓鳳飛飛以貼近自己個性的面貌拍電影，拍出《就是溜溜的她》（1980）《風兒踢踏踩》（1981）。光看這兩個片名，就是輕快、俏皮、「溜動」的。

在學術的性別討論中，「流動」是一個重要的詞彙，代表一個人可以在僵化的性別框框中流動、遊走、甚至跨界。以此看來，「溜動」豈不更妙？「就是溜溜的她」，就是一個在性別框框內外不斷流動、溜動的女人。

鳳飛飛在其主演的電影中，《又見秋蓮》《春寒》《鳳凰淚》都扮演「苦命」的傳統女性。到了最後兩部電影《就是溜溜的她》《風兒踢踏踩》，則完全展現鳳飛飛帥氣、活潑的雙性魅力。

以藝名而論，鳳是百鳥之王，有霸氣與雄氣。以「龍鳳配」來看，鳳是雌。但以「鳳求凰」來看，則鳳是雄，凰才是雌。鳳飛飛就是連名字都撲朔迷離，亦雌亦雄，富有跨性別的特質。

這就是鳳飛飛撲朔迷離的雙性魅力，在其中富有流動的空間、逃逸（被定義）的動能，無時無刻不在運動，無法被固定。曹植的〈洛神賦〉形容美女「翩若驚鴻，婉若游龍」。原來美女可以用鴻鳥來比擬，也可以用「男性化」的龍來形容，而此二者都處在動態之中。

帽子、長褲、褲裙

鳳飛飛在雙性造型上，有兩個明顯的主要特徵：一是既留長髮，又常戴男性氣質的帽子。二是穿長褲與褲裙，不太穿裙子，也不露腿。

鳳飛飛在第一張專輯唱片《祝你幸福》（1972）的封面上就戴帽子，等於在出道初期就有戴帽子顯露「帥氣」的自覺。此後大多數的專輯照片也都以戴帽子的封面為特色。這也是她自己覺得好看，又受到歡迎，才漸漸成為她的招牌的。但鳳飛飛戴帽子，也是以「帥氣」的帽子比較受歡迎，也最是獨一無二的「鳳式風格」。西裝紳士有戴帽子的傳統，男人的軍帽更是陽剛傳統。

但奇妙的是，鳳飛飛是長髮，一直留著很豐厚的長髮——走紅之後她也幾乎從來沒有以短髮示人，除了一九八三年治療耳疾的開刀期間。長髮堪稱「女性化」的徵象，但是長髮盤起來，戴上帽子，立刻變得很帥氣。這也是一種雙性的彰顯，既留長髮，又像男人一樣的戴帽子，如刻板印象中男畫家戴的鴨舌帽、男孩戴的報童帽、海軍帽、陸軍帽、空軍帽等。

鳳飛飛初次在電視中亮相，就戴上了「男性化」的黑色鴨舌帽。根據鳳飛飛的大略估計，她保存的帽子超過六百頂，此後也將繼續增加。這代表她的跨性別演出仍在持續——若認為「帽子歌后」的「戴帽子」只是為了造型上的搶眼突出與變化，那就忽略了她「戴帽子」所提供的「性別表演」動能了。

鳳飛飛的帽子造型千變萬化，有簡單的，也有誇張的。在最誇張的時候，往往具有巴洛克般的華麗效果，是非常「舞台」的。她在二〇〇六年新加坡演唱會上，以簡單鴨舌帽配上風衣的利落造型，受到粉絲極大的喜愛。在二〇〇七年演唱會的「老歌單元」，她則戴了一頂類似巨大「木耳」的寬邊黑帽，通體薄紗半透明，具有以手捏塑就能改變形狀的特性；這也許是她最大的一頂帽子，具有強烈的舞台效果。

此外，鳳飛飛的長褲也是她的經典造型。長褲使她活動輕便，舉止更加瀟灑活潑。無論休閒的、運動風格的長褲，或是「男性化」的西裝禮服內露出有腰身的長褲，都是她慣用的造型，也是她的「正字標記」。

二〇〇七年演唱會，她在「幕後代唱」經典愛情電影主題曲（《月朦朧鳥朦朧》《一顆紅豆》《心影》）的那一套全身鑲滿水鑽的「男性化」粉色西裝，有點懷舊而略顯老氣，在我看來，又彷彿是一種對舊時代的致敬。那是一個充滿六、七〇年代的日本味的老台灣，幾乎帶有老台北的林森北路風格，而這影像又交疊了日本寶塚、日本舊片男星的種種回憶影像。這種帶點「老氣」的懷舊感很難說明白，因為〇五年演唱會她穿著改良的新和服演唱，卻充滿新鮮的現代感。形象的打造是經過無數縝密的考量與試驗，才呈現出來的，因此這大概與那套西裝太沈重（有五公斤）、也太制式化有關。也許那件太像男人的西裝，反而不是鳳飛飛經典的魅力。

至於褲裙，則是在長褲之外的一個新選擇，也是一種雙性的表徵。在二〇〇三年演唱會，當她演唱〈楓葉情〉時穿的那一套服裝，相當能說明她雙性魅力的特色。那是一套會發出閃光的長褲裙，既是男性的褲子，也是女性的裙子。當她坐在高凳上唱歌時，她的長褲就從輕紗長裙中露出，看來細長的雙腳，「鶴勢螂形」。

鳳飛飛幾乎從來不玩「性感」這一套。至少她的性感是在於氣質，而不在於裸露。她幾乎從不露出雙腿。無論褲子或裙子，都是在膝蓋以下。最常是長褲，而後是長裙。沒有短裙。

近年來鳳飛飛在服裝上的創新，是〇五年演唱會開場時，採用了一件雪白英國貴族式的寬大蓬蓬裙，以鋼絲圈撐出誇張的翹臀效果，但設計出來，穿著表演出來之後，卻又是雌雄同體的帥氣效果。配上的白色禮帽，偏女性化，但唱出來的卻是豪氣的〈做個快樂的歌手〉。

〇五年演唱會還有一件「新和服」，亦極有創意。這是在向日據時代的台灣閩南語歌謠致敬的段落。這一件「新和服」的下襬裡面，也是不露出小腿的長褲。當鳳飛飛走路時，絕不像傳統和服女人那樣細步，仍然是大剌剌的行走。她坐在高凳上唱歌時，雙腳並不併攏，看來有點突兀，其實非常自然。此時她又露出了裙襬下的長褲，毫無表現裸露性感的意味。

在〇七年演唱會，鳳飛飛突破性的穿著一件嬌黃連身蓬蓬裙現身，演唱〈來來來〉等歌曲，雖然這也並非她第一次嘗試裙裝。鳳飛飛在唱完後對觀眾開玩笑，說「裡面涼颼颼的耶」，表示自己極少穿這樣的裙裝，不太習慣。

又拿〇七年演唱會的宣傳照來說好了。其中有一張是她戴著粉紅色的毛茸雪帽的臉部特寫，比較嬌柔，但一樣富有魅力。這證明了鳳飛飛是可以不斷性別跨界的。

一九六〇年代的《群星會》，尚無這種「雙性皆可為我用」的造型創意。但是到了鳳飛飛竄紅的七〇年代，她開始以自己的創意打造不斷變動的新形象，在其中有其界線（不妖豔、不賣弄性感），也有極大的自由。

凌波與楊麗花在穿上女裝時，就失去了魅力。但鳳飛飛即使是穿女裝，做「女性化」的裝扮，也具有明星魅力。換句話說，她在男、女兩性的穿著上都可以找到靈感，並拿來運用。蕾絲蓬裙她可以穿，長褲她也可以穿。〇五年開場的英國皇族的女性大禮帽她可以用，但〇七年開場的空軍帽她也可以用。

凌波與楊麗花在「性別角色扮演」上，還是固守傳統的模式。扮男性就有一套固定模式，回復女兒身時，也就是一般女性的裝扮。但鳳飛飛則總是跨界的，在性別上呈現一種流動、有彈性的、自由的、難以定義的裝扮。

但若認為帽子、長褲、褲裙等衣著造型是鳳飛飛跨性別表演的最大特色，則有失公允。鳳飛飛的跨性別表演是從她內心而發，而後傳達到歌藝、行為舉止、乃至形象與造型。是這一切加起來的效果，再加上與鳳迷的互動，才能較為貼近了解鳳飛飛的跨性別表演。

譬如鳳飛飛的臉，本身就能呈現雙性的魅力。她在二〇〇三年演唱會的開場演唱與說話段落，臉部表情非常「赤子」。那是一張全神貫注、躍躍欲試的臉。那認真的表情非常動人，幾乎有一種男孩子氣。沒有滄桑，而是像新人在挑戰目標的精神。

然而這並不是說鳳飛飛是「男人婆」，或只是偏向「陽氣」。她也時常在現場表演時流淚，顯露「陰柔」的一面，也能在MTV中露出隱隱含淚的眼眸，以流淚的面容來演繹哀愁的歌曲。又如她告訴觀眾，在初次看到〈掌聲響起〉這首歌的歌詞時，就大哭了兩三個小時。此後她在演唱會上每唱此曲，幾乎都會流淚。假如說「愛流淚」是女性化的表徵，那麼鳳飛飛從來沒有避免這個女性化傾向，她本人也不諱言這個特色。「男性化」、「女性化」能為她所用者，她就盡量予以表現，不受傳統框架所限。

「模仿」鳳飛飛

總括來說，華語歌壇第一位具有鮮明雌雄同體魅力的女歌手，就是鳳飛飛。她從出道到一九九〇年代，一直都是最具雙性魅力的女歌手。即使在張惠妹出現的一九九〇年代，鳳飛飛雙性魅力的意義依然不減。

張惠妹有天后的強人氣勢，也絕不柔弱，但她的雌雄同體魅力還是不能取代鳳飛飛，而是各有千秋，彼此往自己獨特的方向發展而去。

鳳飛飛的跨性別表演，與一九八八年出道的歌手潘美辰也大不相同。潘美辰幾乎以一種女同志中的T角色的裝扮出現。T原指Tomboy——像男孩的女性，在女同志脈絡中代表在感情關係上扮演男性的一方。正因有特色濃厚的指涉，潘美辰的歌路比較狹隘，偏向「偷渡」女同志世界的悲情，無法與鳳飛飛歌曲的廣大相比，也缺少鳳飛飛在跨性別表演上的彈性流動。而在歌壇成就與大眾影響力上，潘美辰亦難與鳳飛飛相提並論。

在華語影壇，林青霞是最具雌雄同體魅力的女影星。林青霞的雌雄同體魅力，也與較早期的凌波、楊麗花大不相同。林青霞的「性別表演」更有現代感，不拘泥在哪一個性別，以女性之身而可以扮演男、女兩性而盡顯獨特魅力。她既是瓊瑤電影的第一玉女，又在《金玉良緣紅樓夢》中反串賈寶玉、在《笑傲江湖2》反串「東方不敗」。在台灣歌壇上，堪與林青霞相比的，也許只有鳳飛飛。她們兩人在「性別表演」上都是比凌波、楊麗花更具現代感，也更流動的。

在鳳飛飛當紅時期，在她主持的電視節目有「鳳飛飛模仿大賽」，許多粉絲以競相模仿鳳飛飛為樂、為榮，也作為一種崇拜。但在某種層次上，模仿大賽也是一種扮演活動。鳳飛飛做為一個「風格者」，形象相當強烈，尤其是在跨性別這方面。以模仿鳳飛飛成名、進而出唱片的歌手林淑容，就是從這個模仿大賽脫穎而出的。

在「反串」的動能上，女人扮成男人，往往會出現一種平時不會有的魅力——一種外放的、陽氣的活力，也是「扮演」本身的魅力。這是許多女粉絲喜歡模仿鳳飛飛的原因，因為在公開的模仿大賽與較私下的KTV唱她的歌時，可以趁此釋放出自己的「陽性特質」。這就是巴特勒（Judith Bulter）所謂的「性別表演空間」，在其中一個人的性別可以自由流動，得到較寬廣的表達。

然則鳳飛飛模仿大賽中，男粉絲也不少，因為這個原則也適用在同志族群身上。男同志、女同志經由歌唱或造型上的「扮裝」，都能釋放出自己的「陽性特質」或「陰性特質」，也連結到一種雌雄同體的能量。因此資深鳳迷中有許多男同志與女同志，其實是不足為奇的。男同志著迷鳳飛飛，並不是當成夢中情人一樣的喜愛，而是她能夠將他們心中的扮演慾望、那種想要表達自己帥氣、豪放、天后氣勢般的能量，釋放出來。

當然，在鳳飛飛當紅的一九七〇、八〇年代，還沒有這樣明顯的男同志「扮裝」文化。男同志多半以私人的、隱約的、偷渡的形式出現，雖然在「鳳飛飛模仿大賽」，已經有男性參賽者出現。

要到了九〇年代，台灣有唱片公司開始舉辦「瑪丹娜模仿大賽」，出現許多男性參賽者，才是男同志或具有男同志特質的異性戀男人比較「明目張膽」，公開釋放自我的開始。然而以台灣流行歌手而論，男同志的「扮裝表演」，鳳飛飛仍然是一個明顯的分水嶺，堪稱被模仿的女歌手始祖。鳳飛飛之後，張惠妹是第二個分水嶺。以世代而論，台灣男同志最喜歡「扮裝」鳳飛飛、張惠妹，而後是蔡依林。

在性別解放上，現代的歌手表演與示範已經越來越多，所謂的「中性歌手」也相繼出現，但是像鳳飛飛這樣造成廣大的影響，又以穿越雙性的「風格者」著稱的，仍然沒有相當的後繼者。尤其從這個跨性別的脈絡裡，我們才赫然驚覺，鳳飛飛原來是華語歌壇第一個「百變歌后」！

想要彈同調

鳳飛飛與台語歌謠

資深鳳友文文借我一張老電視節目《想要彈同調》的DVD，這可真是「海內孤本」，一般人根本不會有的。興奮之餘，回台中爸媽家的時候，就特別帶回去與爸媽一起看。

當看到鳳飛飛唱出那首她搶救而出的〈想要彈同調〉，我爸爸忽然說：「這首我聽過，旋律很熟悉。小時候就聽過了，街上都有。」

「真的啊？」我聽了很高興，但一想，又覺得不對。

這一首「台灣民謠之父」鄧雨賢作曲、周添旺作詞的歌謠，既然是鳳飛飛灌錄才得以保存下來，怎麼我爸爸小時候就聽過了？如果那時候收音機就有播放，那麼應該就有老唱片啊。是老唱片湮滅了嗎？

於是我問爸爸，是在哪裡聽到的。我爸爸說：「就在街仔路啊。彼時陣很流行啊。」

怎麼會呢？越說越奇怪了。

「是收音機嗎？」我問。

「不是。」我爸爸想了一會，然後說：「是路上賣藥的。」

「賣藥的？」

「就是在街頭，賣藥的在賣藥之前，會讓小女孩先出來唱首歌，吸引人群，然後再開始賣藥。那個時候，這首歌就很流行了。」

原來如此！

那時候街頭賣藥的，大概也是賣些壯陽藥、百草膏、運功散之類的吧。不過在我的童年時期，早已演變成跳豔舞或唱「動感歌曲」的女郎來串場了。小女孩出來唱歌的情景，我沒有看過。

我從小就住在台中的市中心，也就是第二市場外圍，家門口面臨中正路，是當時最大也最熱鬧的一條馬路。我爸爸小時候則是住在台中第一市場，靠近台中火車站，在當時也是最熱鬧的地段，賣藥的總是會來，聚集人群，當時還小的爸爸經過，就會聽到這首現在名震江湖的〈想要彈同調〉。

當時真是純樸啊。街頭娛樂就是聽〈雨夜花〉〈想要彈同調〉這種歌謠，又能引起許多人的共鳴。

不是收音機，不是唱片。就是最純樸的、最簡單的「傳唱」、「口耳相傳」！那是一種小小的散布，然而像漣漪，漸漸波散開去，造成很大的影響力。

關於賣藥演唱，知名台灣歌謠作曲家蘇桐就幹過這種事。蘇桐寫過〈農村曲〉〈青春嶺〉〈菸酒歌〉等重要名曲。這樣大名鼎鼎的作曲家，也曾經在街頭賣唱過。

至於洪一峰，他年輕的時候也曾在淡水河邊演奏手風琴、小提琴，賣「歌仔簿」謀生。當時往往是在大樹下一塊布鋪著，上面是一本本「歌仔簿」攤開來讓人看，買了之後，就能馬上邊聽邊學著唱。

周添旺作詞的〈想要彈同調〉有《詩經》的意境，也就是「溫柔敦厚，平淡近自然」「怨而不怒，哀而不傷」。這種歌詞相當微妙，表面上聽來，好像是歌者想要與戀慕的人「彈同調」，對方卻置之不理，是首單相思的情歌；但骨子裡，卻是對於日據時代的日本人的一種委婉的抗議，暗含政治意味。兩種解釋都可以，一直維持語帶雙關的進行到底，是非常高桿的歌詞。

周添旺的歌詞語帶雙關，含蓄的流露台灣人被日本人統治的無奈。「怎麼講也沒有用」、「怎麼彈也沒有用」的這種心情，如泣如訴，無論自己多麼想去配合，對方卻仍然不懂或不想聽。

一直等到鳳飛飛在一九九二年再次將之錄成唱片，這中間隔了五十八年！「歌沈大海」這麼久，終於又被勾了出來。

土生土長的台灣人，被日本人長期統治，在語言上受到控管，心裡苦悶又不能被了解，才有此曲。好不容易光復了，又有當時政府的壓力，連講台語都要受罰，似乎講台語是土、俗、低人一等的，情況也很複雜。台灣戒嚴解除之後約五年，這首歌才再度被唱出來，隨風飄揚，有終於吐出了一口氣的舒暢。

這首歌，我媽媽很愛唱。我為她買了一個CD隨身聽，她就很愛重複聽這一首歌，並隨意唱出來。在客廳裡，爸媽與我一起看《鳳懷鄉土情》時，我媽媽更是自然的跟著鳳飛飛一起唱出來。

資深鳳迷都知道，鳳飛飛一定會在演唱會中安排一段專門唱台灣歌謠的時間。在二〇〇七年演唱會中，這一個時段就命名為「想要彈同調」。在這裡，她先秀出一張「演唱會寶寶」的照片，說這是一位歌迷在二〇〇三年聽了演唱會之後，「有啦」！可見演唱會喚起了女粉絲與她先生的特別熱情，乃至有了小寶寶的誕生。因此她唱了〈心肝寶貝〉。

然後下一首是什麼？那就是高齡九十八歲的「阿蕊」阿嬤，透過VCR在舞台螢幕點歌，希望鳳飛飛唱〈西北雨〉。之後鳳飛飛果真現身，劇力萬鈞的唱了〈西北雨〉——除了邊唱歌邊與舞群合跳「凳子舞」，舞台投影片不斷打雷閃電，堪稱「霹靂」。

這樣的歌曲順序，是費心安排的。這是在說明兩件事，第一，鳳飛飛的歌迷可以三代、四代同堂，從小孩到九十八歲都有。第二，台灣歌謠的源遠流長，百年流傳。

當然，要說鳳迷有小到一兩歲或五六歲，其實只是一種象徵性，而且小孩多半是大人帶來的，也不一定能算數。但是鳳飛飛所唱的台灣歌謠的籠罩範圍，那就真的是從孩童到百歲人瑞，無所不包了。

這樣橫跨數十年的台灣歷史與記憶，只有以台語歌來表現最為貼切。鳳飛飛透過大量的演唱，成了台語歌謠的第一歌后，也是最重要的代表人物之一。

大體而言，台語流行歌從一九六〇年代就像忽然斷掉了似的。洪一峰、文夏等人紅到六〇年代就彷彿銷聲匿跡了，又後繼無人。那主要跟當時政府的管制有關。台灣的電視台於一九六二年開播，而政府有控制台語歌曲的政策，因此台語流行歌處在一種窒息的狀態，不能「重彈此調」。當時配合電視台開播的，是清一色演唱國語歌曲的《群星會》，捧紅了許多國語男女歌星，同時也讓台語歌更退到主流的場外去。

在台視的《群星會》（1962—1975）之後的「巨星時期」，鳳飛飛是唯一的本省籍巨星歌手，也是唯一被笑「土」「俗」「國語不標準」的紅歌星。其他的電視巨星就是像鄧麗君、甄妮、劉文正、崔苔菁、張俐敏等人，沒有一個是以唱台語歌出名的。鄧麗君點綴性的唱過幾首台語歌，但並非她的特色。

那時候要在電視上長紅，只唱台語歌根本是不可能的事。鳳飛飛只有唱國語歌而竄紅，之後再找機會「偷渡」台語歌曲給大眾。一直到一九八七年，台灣都處於戒嚴時期，台語歌曲的傳唱並不容易。在這麼漫長的時期，台語歌要在電視上播出，就靠鳳飛飛了。她甚至是有責任了。所幸她不負眾望，不但將台語歌謠傳唱下去，也唱出了新的韻味與音感。《我愛週末》開播的一九七六年，新聞局開始規定電視台、電台一天只能播出兩首台語歌曲；被禁唱的台語歌也相當多，如洪一峰的〈舊情綿綿〉〈快樂的牧場〉都不能唱。鳳飛飛在專屬節目中，每週唱個一兩首，已經讓愛聽台語歌的觀眾如獲甘霖。

一九八七年，政府宣布台灣解除戒嚴，台語歌壇才漸漸恢復活力。而此之前的戒嚴時期，鳳飛飛只能在光復節，以特別節目的形式，全部演唱台語歌曲給觀眾欣賞。這個特別節目命名為《鳳懷鄉土情》，共有三集（1982, 1983, 1985），堪稱珍貴的「配額」。

《想要彈同調》也有同名的電視專輯，其中除了MTV式的演唱，也訪問了作詞人葉俊麟、周添旺夫人（台灣第一代女歌手愛愛）、楊三郎夫人等人，是鳳迷與行家鍾愛的逸品。

當然，現在也有許多歌星在唱台語老歌，但是大都唱得很俗。其實這些經典台灣民謠一點都不俗，反而非常雅，是有些不會唱的歌星把歌曲唱俗了。

鳳飛飛亦俗亦雅，或說俗中帶雅，雅中通俗。要通俗，才能是受歡迎的紅歌星，引起廣大的共鳴，但俗得落套，失去創意，也不可能像鳳飛飛這樣紅上幾十年了。

把歌唱得「俗」，不一定就是不好。「俗」有俗的好，尤其「俗」到出現一種特殊的味道，那就「脱俗」了。像蔡秋鳳那樣將底層台灣人的心聲唱得那麼生動感人，也就是由「俗」唱到「脱俗」了。像〈金包銀〉這種歌，她要是唱得「雅」，反而不對勁。

不過蔡秋鳳的侷限就在於，她只能「俗」或「脱俗」，她不能「雅」。

但鳳飛飛能「俗」，能「脱俗」，也能「雅」。在這一點上能與她匹敵的，大概只有江蕙。

現在的台語女歌星中，能將台灣民謠唱得「雅」的，本就寥寥可數，鳳飛飛、江蕙乃是其中翹楚。潘越雲也唱過寥寥幾首雅致的新創台語歌，可惜數量太少而不夠有代表性。

江蕙的「雅」，是她後來轉變而成的。早期的江蕙是偏向「那卡西」的滄桑江湖味，但驚人的是鳳飛飛一開始灌錄《台灣民謠》時，就是脫俗與雅緻，不需要有什麼大幅的轉變，到現在聽還是覺得好，覺得豐富，格局大，情感與技巧都成熟動人。

鳳飛飛早期那四張經典的《台灣民謠》（1977—1982），一共有四十六首台灣名曲，就是唱得通俗又脫俗，又帶著「雅」，才吸引了無數歌迷。歌迷們一聽很有親和力，有台灣味，而後越聽越好聽，漸漸發現其中許多特殊的變化。此時鳳飛飛的聲音處於巔峰，嗓音具有磁性，彷彿有絲竹之聲，唱開來又飽滿盈潤，彷彿花葉鮮豔到掐得出水來，讓每一首台語歌謠都沁人心脾、精彩夠味。現在的人要談「台灣味」，可能很難略過鳳飛飛的台灣歌謠了。

此四張專輯在編曲上亦相當大器，是典雅與現代感的綜合，到現在聽依然毫無過時之感。譬如〈黃昏城〉原是愁怨小調，鳳飛飛卻唱成一首具有現代感的大歌，編曲豐贍華美，先是中國管弦，而後出現大提琴的低音挑動，又有現代樂器的襯托，歌聲時而明亮拉長，時而輕俏跳動，快慢輕重有致。

她唱的哀愁歌謠也很動人。〈雨夜花〉帶點薄脆的聲音，輕輕的哀怨，反而更加讓人同情：「雨水滴、雨水滴，引阮入受難池」[2]，彷佛那花瓣薄透了，連抵擋雨水的能力都沒有，漸漸浸濕，直到通體都是淚水。

在鳳飛飛之前，不管男女在唱台灣歌謠，都比較像是一個人在田野邊、路燈下靜靜的唱著，也就是一種「幽幽」的感覺，平淡、純樸、不敢大聲的唱。也許當時的錄音技術也有關係。但鳳飛飛出現之後，很明顯的歌唱技藝加了進去，真摯的感情被強化、深化了，彷佛朵朵花苞忽然盛放，散出幽香——原來這些花有這麼香啊！

其實當時的歌壇中，鳳飛飛的台語歌聲不只是脫俗，簡直是秀逸出塵，因為當時大家唱得都太落套了。

《想要彈同調》一、二輯（1992, 1995）就更「雅」了，這是鳳飛飛自己的蛻變，也是因為後來的聽眾更能接受精緻的製作了。鳳飛飛以復興台灣民謠為己任的精神來做這兩張專輯，其精緻度與人文情懷，無人能出其右。〈鑼聲若響〉的名作曲家許石，還有一首與周添旺寫詞合作的〈風雨夜曲〉，也是經過幾十年後，才再度被鳳飛飛唱出來。呂泉生譜曲的〈阮若打開心內門窗〉則是傳達了希望的傑作，聽這首歌，總彷彿是看見了黎明的天光。

我現在還記得，小時候頭一次聽到鳳飛飛的〈白牡丹〉，真是驚豔歡悦。那也是我對台灣民謠的好聽，印象最深刻的一次。猶記得在家裡的客廳，有這麼一張黑膠唱片，我就放來聽。現在去問爸媽，他們也記不得家裡怎麼有的。是否我自己買的，我也不記得了。那一句「啊～～～不願旋枝出圍牆」[2]，讓我著迷不已，很驚訝那個「啊」可以轉得這麼漂亮，以花腔吟花，實在美妙。雖說「不願旋枝」，但那歌聲彷彿一枝長長的花枝旋來轉去，好像就快要探出牆外了。

當時我只是個小孩，也沒有特別意識到什麼，就只是喜歡而已，最多以後發現有，也會特別聽一下，然後在想唱歌的時候，會一個人唱幾句〈白牡丹〉，唱得心花朵朵開。

在研究鳳飛飛歌藝的時候，我跟文文借了那四張《台灣歌謠》專輯，好好從頭到尾聽過去。但是在聽這一首〈白牡丹〉時，卻一直跳針，根本不能播。原來是文文把這一首聽爛了，聽到CD都磨損了。整張專輯，就這一首磨壞了。我想著如何再借來這首歌一解相思，也一邊莞爾，原來有個鳳迷跟我一樣，這樣的喜歡這首歌。

白牡丹，笑呅呅……無憂愁，無怨恨，單守花園一枝春。[3]

那樣的純淨、喜悅、大方。我想鳳飛飛唱的台語歌謠，就好像白牡丹吧，由於華麗而看似「俗」，但其實本身清香雅致，又重重複瓣不斷生出來，千姿萬態。

而就像「白牡丹」那樣，鳳飛飛正是台灣歌謠的花中之王。

註

鳳飛飛除了這六張台語專輯的台語歌之外，還唱了不少並未收錄在這六張台語專輯的台語歌。

海外版唱片

除了台灣的專輯唱片之外，鳳飛飛在海外版唱片中，也錄過幾首台語歌，如：在新加坡發行的《為你演唱六十分鐘》實況錄音唱片中，收入了〈安平追想曲〉。《鳳情千千萬—義演會實況錄音》唱片中收了〈嘉慶君遊台灣〉。《鳳飛飛三十五週年演唱會實況專輯》收了〈孤女的願望〉（日語歌翻唱）。

電視演唱

鳳飛飛在共三集的《鳳懷鄉土情》中，又唱了好幾首專輯所無的台語歌謠。

在第一集她唱了〈桃花過渡〉。

在第二集，她則多唱了〈燒肉粽〉〈病子歌〉〈什錦歌〉中的〈酒矸倘賣無〉。

又如二〇〇七年的演唱會中，鳳飛飛唱了〈飄浪之女〉（日語歌翻唱），亦尚未收入唱片。

以下為鳳飛飛六張台語專輯的歌曲曲目：

——第一張《心酸酸／台灣歌謠1》（黑膠唱片版）——

1心酸酸　2雨夜花　3雙雁影　4心茫茫
5心內事無人知　6碎心花（初戀情形）　7河邊春夢
8白牡丹　9南都夜曲　10月夜愁　11春宵吟

此專輯的卡帶版多了兩首：〈滿山春色〉、〈月夜嘆〉。

——第二張《月夜嘆／台灣歌謠2》——

1月夜嘆　2春花望露　3桃花鄉　4黃昏城（曲）　5牛犁歌
6阮不知啦　7姐妹愛　8滿面春風　9春宵夢　10六月茉莉

此專輯的卡帶版多了兩首：〈四季謠〉〈四季紅〉、〈西北雨〉（此曲與第三張專輯所收的〈西北雨〉是一樣的版本，在歌曲數目上不予計算）。

——第三張《西北雨／台灣歌謠3》——

1欲怎樣　2西北雨　3送君珠淚滴　4天清清　5送出帆
6蝶戀花　7青春嶺　8三步珠淚　9港邊惜別　10日日春

——第四張《鑼聲若響／台灣歌謠4》——

1鑼聲若響　2望郎早歸　3四季戀　4一剪梅　5初戀日記
6人道　7一個紅蛋　8補破網　9思相枝（思想起）
10窗邊雨　11心懵懵

此專輯的海外版多出的一首：〈阿婆遊香港〉

——第五張《想要彈同調》——

1這條歌（序曲） 2想要彈同調 3悲戀的酒杯 4向日葵

5黃昏再會 6異鄉夜月 7望春風 8風雨夜曲 9阮若打開心內門窗

10淡水暮色 11牽成阮的愛 12阿娘的心 13這條歌（尾聲）

——第六張《想要彈同調2——思念的歌》——

1江上月影 2期待 3蝶戀花 4情字這條路 5心肝寶貝

6素心蘭 7思念的歌 8寫佇雲頂的名 9南都夜曲 10苦戀歌

11相思嘆 12秋怨

此專輯中的〈南都夜曲〉，在《心酸酸／台灣歌謠1》就出現過。此版本為重新翻唱版。

我是出外人

鳳飛飛與台客文化

1

鳳飛飛「台」嗎？

當然啊，我覺得鳳飛飛「好台」。

首先，鳳飛飛這名字就是「好」台，很好的台，盡得「台客文化」雅俗共賞的精髓。好叫好記、響亮、意象鮮活。

「成龍」都沒有「鳳飛飛」這個名字來得精彩生動，呼之欲出，一看就有畫面，有一隻鳳在你眼前燦爛飛舞。

「鳳飛飛」這個名字亦俗亦雅，就像她的許多歌唱演出一樣。看到這樣的名字，你會聯想起黃俊雄布袋戲裡，可能會出現這樣一號人物。如果鳳飛飛本人再不出道，可能黃俊雄就會把這個名字用走了。

不過令人意外的是，「鳳飛飛」這個名字最早竟然來自香港。一九七一年，邵氏電影就推出了一部古裝武俠片叫《鳳飛飛》，這正是片中俠女的名字。鳳飛飛在一九七二年演出第一部電視劇《燕雙飛》時，就飾演一個俠女「柳上燕」。當時她藝名叫林茜，一直沒紅，該劇製作人張宗榮覺得這名字不好，靈機一動，想到這部才上映不久的香港武俠片，就為她取了「鳳飛飛」這個名字。「鳳飛飛」有古典感，也有現代的俏皮感。

既然「鳳飛飛」是個俠女，有英氣，有武功，這就是有「中性化」的意涵了。這真是為鳳飛飛後來成熟的「中性風格」打下一個最早的基礎。

這個名字「俗又有力」，又雅致、俏皮。這就是一種台客文化的精神：大膽、華麗、有點俗氣也沒關係。

2

當然，除了名字之外，鳳飛飛跟「台客文化」也有密切的關係。但是在討論之前，且先讓我聲明，我沒參加任何政黨，也不想在此做政治上的精密分析。我想要討論鳳飛飛與「台客文化」是基於這一點：台灣必須有自己的特色，不管將來是維持現狀、獨立、成為中國一部分、採取「邦聯」或其他型態。

香港在歸屬中國之後，仍然有濃濃的港味，仍然很有特色。這是基於人們對於自己居住地方的「自我認同」。上海有上海味、紐約有紐約味，而台灣自然要有台灣味。台灣必須有對自己文化的認同感，而非一味的模仿歐美、日本或中國大陸。這種「自我認同」可以跟政治有關，也可以超越政治之外。

那麼，到底什麼是「台客文化」？

「台客文化」是眾說紛紜，難以一概而論的。然而在這裡篇幅所限，我盡量簡明扼要。我認為「台客文化」最基本的特徵有三點：主體性、客體性、開創性。

「台」，就是台灣的主體性、本土性、自我認同。對自己身處的環境有深切的了解與自愛，這就是正面的「台」。

「客」，則是處在一種客觀的角度，吸收外來文化與潮流的養分，不會過於自我中心而忘了與世界接軌。同時，這種客觀性又具有兼容並蓄的能力，將外來的文化與本土的文化融合，創造出新的東西。

「文化」，則是一種創新成功之後的產物。吸收新舊、外來文化而轉化成自己的，進而創造出自己的特色，這就是文化。

不過一般而言，「台客文化」偏向通俗文化的面向，談台灣「雅」文化、精緻文化（如南管、台灣茶）的比較少。

此外，「台客文化」也與早期的「台灣味」不同。「台灣味」是古典的、講求純正性的、比較內閉的。然而「台客文化」卻是融混了日據時代與歐美影響的「混雜文化」，比較現代，比較不在乎純正性，也比較有開放性。

我曾在二〇〇三年發表〈我愛藏鏡人〉一文，以近五千字的篇幅來談布袋戲大師黃俊雄對於台灣文化的開創性註1，那時候還沒有「台客文化」這個名詞，但是這篇文章，其實就是在談他以混雜感、現代感、新創意，為台灣文化帶來的種種重大貢獻。後來台客文化一詞出現，黃俊雄果真被尊奉為台客文化的英雄。

而後當我於二〇〇四年開始研究鳳飛飛，進而書寫鳳飛飛，我才漸漸了解她也對「台客文化」有極大的貢獻，與台灣的交互作用也很深厚。因此在二〇〇六年發表的〈誰是台妹——新族類進化中〉註2，我大膽指出：

為什麼不稱許「女台客」，而獨稱「台妹」呢？像鳳飛飛，我就覺得她是「女台客」第一人，國台語合璧，東西洋兼容，充滿創意、魅力與自信，是無與倫比的台灣不死鳥，正好與台客第一人黃俊雄並列。

台客第一人，男的是黃俊雄，女的就是鳳飛飛。

是的，在「台客文化」上，我覺得黃俊雄、鳳飛飛是並列的，在各自的領域上對台灣做出了創新的貢獻。他們之所以是第一人，也跟時間有關，因為他們前無來者，赤手空拳的打出一片新天地！

在時間上，黃俊雄比鳳飛飛早了幾年，但兩人有重疊的時期。黃俊雄是在一九七〇年以台語布袋戲《雲州大儒俠》達到巔峰，此劇連演五百八十三集，創下高達百分之九十七的收視率，到現在還是空前絕後的紀錄。後來在一九七四年遭到當時主政者以「妨礙農工作息」為由禁播。這對黃俊雄可謂一個重創，元氣大傷。

雖然他在一九七六年以國語版的《二十四孝》再現螢光幕，但是被迫講國語就是不對勁——這不只是因為台語掛觀眾聽不慣，也是台語本身優雅深厚的文化硬生生被抽掉了，是在文化傳承上的一個斷裂。一九七七年的《神童》《百勝棒》也都是國語發音，形格勢禁，觀眾反應當然也沒有以前好了。這之後黃俊雄在電視上消失了約四年，在一九八二年才推出台語版的《大唐五虎將》，但之前的氣勢已不復見。

黃俊雄在一九七四年被禁聲了，而鳳飛飛則在一九七六年以《我愛週末》一炮而紅，此後一路長紅，以一個又一個的專屬電視節目大放異彩。因此從某個角度看，鳳飛飛是有承接黃俊雄的意味的。

然而鳳飛飛並不是照單全收黃俊雄的台語掛觀眾，因為世代有所差異。事實上，她代表一個新時代的興起。那是一個本省歌手也唱國語流行歌的新時代，一個台語掛也講國語的新環境。再者，那也是一個女性勢力開始興起的時代：「台女」取代了「台客」，大量吸收台語掛觀眾。

假如以一九七四年黃俊雄布袋戲被禁當成一個分水嶺，則這之後「台語掛」講國語的情況就越來越多了。時代不同了，在一九七〇、八〇年代，「台語掛」講國語的情況漸漸盛行到一個飽和狀態，台語掛往往在家裡講台語，在外面（學校、職場等）則講國語。這時候純粹講台語反而不流行了，真正流行的其實是「國台語雙聲帶」。

鳳飛飛就是帶著台語腔來唱國語歌的歌星，在清一色國語掛紅歌星中獨樹一幟。這一點是重要而珍貴的。如果鳳飛飛當時是唱著跟鄧麗君一樣的標準國語，則「偷渡台味」與「國台語雙聲帶」的雙重意義就喪失掉，反而沒有她的特色。在幾乎清一色國語掛女歌星的時代，她突圍而出，為台語掛的觀眾與歌迷發聲。

亦屬至尊級的鄧麗君，揚名中國大陸、日本等地，但是她常被認為跟「台灣製造」沒有太絕對的關係，所以也很難說她能夠代表台灣。然而鳳飛飛則絕對是「台灣製造」的。

在鳳飛飛每週一次的電視節目播出時，一家老小都在客廳裡坐好，看著鳳飛飛唱歌，那樣的闔家團圓的溫馨景象，多數都是台語掛家庭。國語掛家庭當然也有，只是數量上比較少。然而儘管她是為台語掛發聲，也為台語掛所喜愛，她說的卻是國語，唱的也是國語。鳳迷是「台語掛」多於「國語掛」，只是台語掛鳳迷也大都是「國台語雙聲帶」，跟鳳飛飛一樣。

這樣說，好像我認為鳳飛飛只偏心台語掛，其實也不盡然，她是盡可能兼容並蓄，不分省籍與地區的。

鳳飛飛是一個奇妙的「綜合體」：國台語綜合、東西洋兼容、影視雙棲、雅俗共賞、城鄉皆宜，她甚至雌雄同體。

這個「綜合體」，我在本書的許多篇章都一一探討了。她的歌藝是混合體，她的形象也是混合體，你很難明確指出一個單一的源頭。

你說她唱的都是國語歌，偏偏那底蘊是台灣的。你說她唱過好多台灣通俗民謠，偏偏她唱得十分雅致。

因此，鳳飛飛跟當今的「台客搖滾盟主」伍佰有相互輝映的關係。

這兩個流行歌手都是國台語雙聲帶、都有濃厚的台灣味，卻又不受限於台灣味，能創造出獨屬於自己的風格。

二〇〇五年，《台客搖滾演唱會》請來台語歌謠大師文夏作為重量級的特別來賓，實至名歸。只是在「台客文化」的兼容並蓄、混雜、轉嫁的特性上，鳳飛飛更為切中要害。當然，以鳳飛飛的巨星地位，要請她去也不是隨便就請得動的。

事實上，鳳飛飛如果被定義在「台客文化」裡，也是把她「小看」了，狹隘化了。鳳飛飛是難以被定義的，因為她不但走過了太多的時期與時代，本身也充滿了流動性。這篇文章以「台客文化」來談鳳飛飛，不是因為鳳飛飛放在這個框架裡被了解最為適當，而只是因為這樣的探討能夠凸顯她的某些特性——不能涵蓋她的所有成就，只能抓住她的某些特性。

鳳飛飛一人走過了好幾個流行歌時期：七〇年代的劉家昌、瓊瑤時期、八〇年代的校園民歌時期、九〇年代的現代派時期、千禧年之後的時期。在許多時期裡，她不見得是最得勢、最符合潮流的，然而她盡量去與之抗衡、協調，或是與之融合，而這些抗衡或融合的成果仍然帶有她獨特的風格。她從沒有失去她自己，一直屹立不搖。

尤其在她當紅的一九七〇後段、八〇年代，那時正是台灣經濟起飛期，人人都努力打拚。鳳飛飛之所以被稱為「女工偶像」「勞工天使」等等，在現在看來，其實正反映了台灣的興旺。鳳飛飛的歌聲是促進工廠效益的加速器，讓男女勞工工作比較愉快，心靈比較充實。當台灣進入轉型階段，鳳飛飛也將台灣的歌聲由悲愁轉為溫暖、歡樂明亮，象徵當時蒸蒸日上的進步希望。

當鳳飛飛與瓊瑤電影主題曲結合，兩者彼此加強，此種正面的加速更為驚人。瓊瑤電影的男女主角總是在高檔豪華的餐廳、客廳、咖啡廳談情說愛，因此鳳飛飛的歌聲又是一種對於「高雅」、優渥生活的憧憬，吸引了無數想要到台北奮鬥，追求美好物質生活的青年男女。「三廳電影」加上鳳飛飛的歌聲，確實是當時「台灣夢」的重要成因。

這麼厲害的藝人，說她是「台女至尊」，是沒有過譽的。

當然，現在大家都怕被人說自己「很台」，何以我還要以「女台客」、「台女至尊」來稱呼鳳飛飛？原因無他——我不覺得「台客」有貶意，反而認為「台客精神」是值得讚揚的。

現在說某個人「很台」，就是指很俗氣，有貶低的意味。但是我覺得會這樣負面性說話的人，對自己所生長的地方沒有足夠的認同感，對自己也沒有自信。一個有自信又有自覺的人，開玩笑的說自己或別人「很台」，其實不會有貶意，而是帶著幽默與豁達來說的。

又為何我不說鳳飛飛是「台妹始祖」？因為「台妹」一詞的定義太狹隘了，彷彿不夠年輕就不能稱為「台妹」，而且「台妹」又有一種幼齒的、被狎玩的感覺，像那首流行歌〈我愛台妹〉講的，彷彿過了「美眉」的年紀，台客就不會去愛了。因此我在〈誰是台妹——新族類進化中〉一文特別說明，與其用「台妹」一詞，還不如用「台女」一詞，會比較中立。甚至我希望以「台女」「台姐」「台媽」「台嬸」「台姨」來打破「台妹」的年齡魔咒，這樣一來，以自己「很台」而自豪的台灣熟女，就可以笑笑的說自己是台女了。

3

鳳飛飛的「城鄉皆宜」，她在侯孝賢導演的《就是溜溜的她》《風兒踢踏踩》中表現得很出色。事實上，她自己就是從大溪鄉下到台北打拚成功的一個例子，她後來長住台北、結婚之後遷居香港，跟許多台語掛鳳迷一樣是「出外人」。

鳳飛飛二〇〇三年演唱會，是蟄伏多年後再現舞台，十分戰戰兢兢，選擇在高雄首演，就是一種靠近台語掛觀眾的表現。我猜想，她可能是感覺中南部觀眾會比台北的觀眾更支持她，因為台語掛的比較多。〇三年的演唱會大成功，鳳飛飛重拾信心，於是下一次的〇五年演唱會首演，就進軍台北了。其後的〇七年演唱會首演，也是在台北，因為台北畢竟是兵家必爭之地。但是〇三年她重出江湖，以高雄為出發點，仍然是深具意義的。這不僅說明了鳳飛飛與中南部台語掛觀眾的「親」，也說明了她的小心翼翼，只准成功不准失敗的謹慎。

儘管如此，我覺得鳳飛飛當時是過慮了，其實「台語掛歌迷」住台北的可能比想像的更多，因為大家都是「出外人」嘛！

二、三十年過去了，當時的青春鳳迷，大量的搬到台北去打拚，也在那裡安家立業，或是安身立命了。那有婚姻的，就算安家。那單身的，也是安身了。有沒有結婚沒關係，「我們有鳳飛飛！」

台灣一進入八〇年代，大批大批的台語掛從中南部湧上台北奮鬥打拚，之後有許多就此長住台北。鳳飛飛一九八三年的專輯同名曲〈出外的人〉，很明顯的唱出這種處境：「只有出外人，最了解出外人」❶。此曲的歌詞流露出離鄉背井打拚的人彼此疼惜的心情。

同樣描述中南部台語掛來台北打拚的歌，還有林強的〈向前行〉。〈向前行〉於一九九〇年發行，比〈出外的人〉晚了七年。〈向前行〉意氣風發，一副「春風少年兄」的模樣，〈出外的人〉則成熟溫婉，含蓄憐惜，但是對於中南部人北上打拚的景況，早已有極富感情的披露。

說實在的，〈出外的人〉這樣的國語流行歌，在當時就只有鳳飛飛能唱而已。這首歌打動了當時無數在外打拚的台語掛聽眾。二〇〇八年年底的新加坡演唱會，鳳飛飛終於重唱此曲，引得許多觀眾又快慰又鼻酸。這「出外人」不知說中了多少人的心聲。

「台客文化」，不是傳統的台灣文化，而是「混」過的、兼容並蓄的、創新的文化。這需要有一種「出外」的精神，一種把外來文化收納成自己養分的精神。

鳳飛飛就是以「台」為底，「出外」去混，去融合，進而轉化成自己獨特的風格，這就是台客精神啊。鳳飛飛就是「出外人」啊！

4

詹宏志曾說：「台灣人心目中的台灣，可能是城隍廟、擔仔麵、魚丸湯和鳳飛飛。」

這是在形容鳳飛飛對於台灣人的影響力，已經是根深柢固，又好像陽光空氣水一樣，生活在其中，自然無比。對當時的台灣人來說，鳳飛飛是一場華麗的夢，是從電視機發射出來的巨星光輝。

然而，城隍廟、魚丸湯都屬於我之前說的古典「台灣味」，而鳳飛飛代表的則是「台客文化」的創新、融混、現代感。

近年來一直有人討論，如果要拿出一個東西到國外來代表台灣，那我們要拿出什麼東西給外國人看？曾經有一些藝術家說，拿「檳榔西施」的攝影、畫像，可以代表台灣，因為那是台灣的特色。

當時看了這則新聞，我最先感覺到的是一種心酸。「檳榔西施」正是我討論過的，有幼齒感、被狎玩的台灣女孩。要拿一直被不懷好意的稱為「台妹」的檳榔西施去代表台灣？要去代表台灣，首先也要自願、自己覺得有榮譽感。「檳榔西施」難道是自己喜歡做這種工作？如果有機會，難道她們不想擺脫這個工作？

再說，我們真的沒有別的東西可以代表台灣了嗎？

在國際檯面上拿得出去的，一定要是台灣製造、台灣獨有的。那麼我覺得我們最少可以拿出兩樣東西，讓海外的人佩服讚嘆。

「台客文化」的兩大至尊，便是黃俊雄與黃文擇的布袋戲，以及鳳飛飛。這兩大至尊既代表台灣庶民文化的精神，源遠流長到今天，也能出口外銷。我跟海外朋友談起這兩樣至尊寶，不會面有愧色，只會自豪！

註1：〈我愛藏鏡人〉原載於二〇〇三年八月，《中國時報》人間副刊。後收入《未來感》一書（二〇〇八年，聯合文學出版）。

註2：〈我愛台妹——新族類進化中〉原載於二〇〇六年三月三十一日，《中國時報》人間副刊。後收入《未來感》一書（二〇〇八年，聯合文學出版）。

附錄

鳳飛飛演藝年表

引用歌詞一覽表

演藝年表

一九五三年

◎八月二十日（獅子座）生於台灣桃園大溪，本名林秋鸞，小名阿鸞。有兩個哥哥，一個弟弟。家庭以採砂石為生。

一九六八年 15歲

◎參加中華電台歌唱比賽，獲生平第一項歌唱冠軍。

一九六九年 16歲

◎取藝名林茜，於台北雲海酒店首次登台演唱。

＊此次登台是鳳飛飛之母「鳳媽」透過友人介紹而成。「鳳媽」接洽其歌唱事務，此時已開始。

一九七〇年 17歲

◎於台北「真善美」、「小麒麟」、「新加坡」等歌廳駐唱。

一九七一年 18歲

◎九月灌錄生平第一首歌曲〈初見一日〉，收於《歌林金曲唱片》（歌林）。

一九七二年　19歲

◎採製作人張宗榮建議，易名鳳飛飛，並演出華視閩南語連續劇《燕雙飛》中「柳上燕」一角，為該劇兩位女主角之一，並演唱同名主題曲。這是鳳飛飛首度在螢光幕亮相。

◎推出第一首台語歌〈燕雙飛〉（海山）。

◎首次作秀於嘉義之「豪華大歌廳」。

唱片專輯

◎第1張唱片：三月出版《祝你幸福》

＊這第一張專輯封面，已出現戴帽子造型。此專輯共有三種封面，其中兩種皆是戴帽。

◎第2張唱片：六月出版《五月的花》（海山）

◎第3張唱片：九月出版《我沒有錯》（海山）

一九七三年　20歲

◎上中視歌唱節目《金曲獎》，演唱〈紅薔薇〉。這是首度以歌手身分上電視演唱。

◎主持《每日一星》節目（中視）。

＊此節目為台灣第一個彩色歌唱節目，每日由一位歌星主持並演唱數首歌曲。

◎此時鳳飛飛的電視演唱已有戴帽子造型。電視上演唱所戴的第一頂帽子是黑色鴨舌帽。再配上襯衫、牛仔褲、平底鞋，造型在歌壇已獨樹一幟。

◎「鳳媽」此時已有「超級星媽」之稱，此後為其接洽演藝事務，約有二十多年。

唱片專輯

◎第4張唱片：三月出版《串串風鈴響》（海山）

◎第5張唱片：六月出版《愛的禮物》（海山）

＊《愛的禮物》是第一張明確的「中性造型」唱片封面：黑帽子、白襯衫與黑背心，表情與手勢皆帥氣。

◎第6張唱片：九月出版《你是否忘記了》（海山）

◎第7張唱片：十二月出版《花謝花飛飛滿天》（海山）

◎第8張唱片：十二月出版《桃花又盛開》（海山）

一九七四年 21歲

◎首次赴新加坡演唱。

◎榮獲東南亞十大歌星之一。

唱片專輯

◎第9張唱片：三月出版《愛之歌》（海山）

◎第10張唱片：四月出版《早晨再見》（合輯，海山）

◎第11張唱片：六月出版《碧城故事》（海山）

◎第12張唱片：九月出版《又是秋天》（海山）

◎第13張唱片：十月出版《雪花片片》（海山）

◎第14張唱片：十二月出版《十七、十八》（海山）

◎第15張唱片：十二月出版《雲飛何處》（合輯，海山）

一九七五年　22歲

◎加盟台視，首度參加《銀河璇宮》節目。

◎三月推出第一個個人電視專輯《歌星之夜》。

◎四月四日，於台北中山堂舉辦第一次歌友聯歡會。

唱片專輯

◎第16張唱片：三月出版《巧合》（海山）

◎第17張唱片：三月出版《情場就是戰場》（合輯，海山）

◎第18張唱片：五月出版《金鑲玉》（合輯，海山）

◎第19張唱片：七月出版《鄉下畢業生》（合輯，海山）

◎第20張唱片：八月出版《微笑》（海山）

◎第21張唱片：十二月出版《呼喚》（海山）

一九七六年　23歲

◎七月十七日，首次主持專屬的常態性歌唱節目《我愛週末》（台視，每週六15：00～15：40播出，至一九七七年十二月二十四日停播）

◎《我愛週末》開創了台灣電視史上第一個歌星專屬的現場歌唱節目，也進入了歌壇巨星時期。此一節目為現場同步播出，為期約一年，是罕見的豪舉。

＊在此節目中首次演唱台語民謠〈月夜愁〉，意外發現反應熱烈。從此開始了一連串台語民謠專輯之錄製。

◎首度赴日演唱宣慰僑胞。
◎獲《綜合週刊》第一屆「電視金像獎」年度最佳電視歌星榜首。
◎九月，加盟歌林唱片公司。
＊此舉爆發海山與歌林的搶人戰爭，但最後鳳飛飛花落歌林。由於合約問題，即使鳳飛飛已簽約歌林，海山仍繼續發行鳳飛飛已灌錄完成之新唱片。

唱片專輯

◎第22張唱片：一月出版《意難忘——懷念老歌》（海山）
◎第23張唱片：三月出版《楓葉情》（海山）
◎第24張唱片：三月出版《不一樣的愛》（海山）
◎第25張唱片：六月出版《溫暖在秋天》（海山）
◎第26張唱片：六月出版《懷念——懷念老歌》（海山）
◎第27張唱片：七月出版《夏日假期玫瑰花》（海山）
◎第28張唱片：九月出版《明天二十歲》（海山）
◎第29張唱片：九月出版《山鷹》（合輯，海山）
◎第30張唱片：十月出版《落葉飄飄》（海山）
◎第31張唱片：十月出版《祝你幸福——海山金唱片1》（海山）
◎第32張唱片：十月出版《碧城故事——海山金唱片2》（海山）
◎第33張唱片：十月出版《巧合——海山金唱片3》（海山）
◎第34張唱片：十月出版《又是秋天——海山金唱片4》（海山）
◎第35張唱片：十月出版《楓葉情——海山金唱片5》（海山）

◎第36張唱片：十月出版《落葉飄飄——海山金唱片6》（海山）
◎第37張唱片：十月出版《花謝花飛飛滿天——海山金唱片7》（海山）
◎第38張唱片：十月出版《意難忘——海山金唱片8》（海山）
◎第39張唱片：十月出版《懷念海山金唱片9》（海山）
◎第40張唱片：十月出版《星語》（歌林）
◎第41張唱片：十一月出版《王昭君——懷念金曲》（歌林）
◎此年鳳飛飛共發行了19張個人專輯與1張合輯，是唱片產量最豐的一年。

一九七七年 24歲

◎五月七日，推出第二個常態性專屬節目《你愛週末》（中視）（每週日16：30～17：30播出，中期延長至18：00結束；至一九七八年六月三日停播）。
◎《你愛週末》是由《我愛週末》的歌唱節目轉為大型綜藝節目的分水嶺。自此之後的鳳飛飛專屬節目，皆為現場錄影播出。
◎《你愛週末》播出期間，一直是所有歌唱、綜藝節目收視率之冠。
◎《我是一片雲》唱片銷售量突破四十五萬張，獲歌林唱片公司贈予鳳飛飛第一張金唱片（此銷量為歌林公司統計之數字；另有其他銷量數字之多種說法）。
◎《我是一片雲》專輯亦開創了鳳飛飛主唱瓊瑤電影主題曲的時代，在四年之間，兩人合作了六張專輯，亦即六部電影（皆為林青霞主演）。
◎《綜合週刊》出版第一本圖文專刊——《鳳飛飛的感情世界》。
◎二月十八日，與康弘聯合主持《抬頭見喜》特別節目（台視）。

唱片專輯

◎第42張唱片：一月出版《我是一片雲》（瓊瑤電影同名主題曲，歌林）
◎第43張唱片：三月出版《心酸酸——台灣歌謠1》（歌林）
◎第44張唱片：六月出版《奔向彩虹》（瓊瑤電影同名主題曲，歌林）
◎第45張唱片：十二月出版《月夜嘆——台灣歌謠2》（歌林）

一九七八年 25歲

◎首次赴金門勞軍。
◎赴美擔任啦啦隊隊長為中華青少棒隊加油。
◎應新加坡總理夫人之邀，於該國之國家劇場舉辦慈善義演個人演唱會。
◎因應台灣與美斷交，捐「愛國自強基金」一百二十萬新台幣。
◎十二月，意外遭到新聞局之「歌監」，不能公開演出三個月（自一九七八年十二月至一九七九年二月）。原因是在歌廳演出時有配合兩位主持人講黃色笑話之嫌。
*鳳迷集體聲援，並蒐證出版一本專書，附有在場歌迷的證詞，解釋鳳飛飛在所謂「開黃腔事件」中蒙受了不白之冤，但新聞局置若罔聞。鳳飛飛經歷「歌監」波折與冤屈，仍堅忍度過。

電視專輯

◎二月六日，主持除夕特別節目《飛來福》（中視）。
*在此節目中，鳳飛飛反串賈寶玉，與扮演林黛玉的林青霞演出《紅樓夢》短劇，是兩人成婚的喜劇收場（此短劇並無歌唱演出）。

◎七月九日，推出第三個常態性綜藝節目《一道彩虹》。

＊《一道彩虹》是為鳳飛飛主持最久的專屬節目，為期將近兩年。鳳飛飛二哥林鴻明從本節目開始擔任製作。「鳳二哥」亦從此成立了鳳凰傳播公司，擔任該公司負責人。

唱片專輯

◎第**46**張唱片：一月出版《月朦朧鳥朦朧》（瓊瑤電影同名主題曲，歌林）
◎第**47**張唱片：五月出版《花有情花有愛》（歌林）
◎第**48**張唱片：八月出版《晨霧》（歌林）
◎第**49**張唱片：十一月出版《一顆紅豆》（瓊瑤電影同名主題曲，歌林）
◎第**50**張唱片：十二月出版《阿里郎——懷念歌曲》（歌林）
◎第**51**張唱片：十二月出版《玫瑰玫瑰我愛你》（歌林）
◎第**52**張唱片：十二月出版《夜來香》（歌林）
◎第**53**張唱片：十二月出版《蘋果花》（歌林）

一九七九年 26歲

◎獲首屆《你我他週刊》舉辦「金嗓獎」年度最受歡迎歌星榜首。
◎二度榮獲《綜合週刊》「電視金像獎」年度最佳電視歌星榜首。
◎〈流水年華〉獲選「金嗓獎」年度最受歡迎歌曲。
◎元月，赴紐約主持自由藝人愛國慈善義演會，返台後獲海工會、文工會、新聞局頒獎表揚。
◎五月，推出百吉機車、百吉棒棒冰廣告。

◎六月，推出第一部主演之電影《春寒》（導演陳俊良，男主角梁修身）。
◎十一月，推出主演之第二部電影《秋蓮》（導演賴成英，侯孝賢編劇，男主角梁修身）。
◎十一月，參加金馬獎典禮，演唱入圍電影《春寒》主題曲〈沒有泥土那有花〉。

唱片專輯

◎第54張唱片：二月出版《雁兒在林梢》（瓊瑤電影同名主題曲，歌林）
◎第55張唱片：六月出版《春寒》（歌林）
◎第56張唱片：十月出版《又見秋蓮》（歌林）
◎第57張唱片：十二月出版《西北雨／台灣民謠3》（歌林）

一九八〇年 27歲

◎蟬聯第二屆「金嗓獎」年度最受歡迎歌星榜首。
◎美國第一夫人羅沙琳．卡特贈簽名照及祝福語。
◎八月，《一道彩虹》節目結束之後，展開首次全台巡迴演出，於台北「狄斯角」、台中「聯美」、台南「元寶」、高雄「喜相逢」等歌廳登台。
◎十月下旬，推出主演之第三部電影《鳳凰淚》（楊甦導演，男主角王羽）。
◎十一月九日，推出《鳳飛飛電視專輯》（中視）。
◎十二月二十八日，響應國際殘障年，於國父紀念館主持《殘障年愛心義演會》（中視轉播）。
◎年底與趙宏琦先生結婚，隨夫婿移居香港。

唱片專輯

◎第58張唱片：三月出版《金盞花》（瓊瑤電影同名主題曲，歌林）

◎第59張唱片：十一月出版《就是溜溜的她》（歌林）

一九八一年 28歲

◎蟬聯第三屆「金嗓獎」年度最受歡迎歌星榜首。

◎春節檔期，推出主演之第四部電影《就是溜溜的她》（侯孝賢導演，男主角鍾鎮濤）（此片為名導侯孝賢第一部作品）。

◎為新加坡電視劇《一代天嬌》演唱主題曲〈永遠在等你〉。此曲未於台灣出版，而收錄於海外版專輯《如此看著你眼睛》。

◎七月，赴美國華盛頓接受中華文化基金會頒贈之「玉音獎」。

◎榮獲「華盛頓榮譽市民獎」和「馬里蘭州榮譽市民獎」。

◎美國參議員馬賽爾斯贈送簽名及白宮圖片獎狀，同時華盛頓之市長拜瑞定該年之七月二十一日為「鳳飛飛日」（另一說為七月二十二日）。

◎領取「玉音獎」之後，隨即轉往芝加哥義演。在容納一千五百人的禮堂，湧進了兩千多名觀眾，大都是遠道而來的僑胞。

◎八月三日，自港返台，於家鄉大溪之中正公園舉行千人歌迷聯歡會。

◎八月四日，獲新聞局頒贈「銀盤獎」。

◎十月，以僑胞身分返國參加國慶閱兵大典，獲僑委會頒贈「愛國僑胞獎」。

◎十月九日，參加「四海同心自強晚會」。

◎十月底，響應「文化到工廠」活動，赴高雄楠梓、台中潭子加工區訪問演出，每場各有超過一萬名觀眾，引起空前轟動，被譽為「勞工天使」。

電視專輯

◎二月四日，主持除夕特別節目《鳳舞龍翔》（中視）。

◎五月十日，推出母親節電視專輯《五月的溫馨》（中視）。

◎十一月八日，推出勞工之夜電視專輯《鳳兒有情》（中視）（此節目乃為楠梓與潭子加工區演出之實況錄影）。

唱片專輯

◎第60張唱片：二月出版《愛你在心口難開》（東尼）

◎第61張唱片：四月出版《鳳飛飛精粹》（東尼）

＊此張專輯有「台灣版」與「海外版」兩種。因錄好的〈草原之夜〉〈漁光曲〉〈天涯歌女〉三曲在台送審未通過，便先以「海外版」的形式發行海外。其後鳳飛飛補錄〈採檳榔〉〈西湖春〉〈媽媽好〉取代上述三曲，湊成十二首歌，成為「台灣版」。

◎第62張唱片：十月出版《好好愛我》（歌林）

一九八二年 29歲

◎蟬聯第四屆「金嗓獎」最受歡迎歌星榜首。

◎元月十日，於台北國父紀念館舉行「鳳情千千萬——三民主義空飄大陸義演會」。

＊此義演會等於是鳳飛飛的個人演唱會，其中〈花木蘭〉一曲乃初次以京劇造型與唱腔演唱。此義演募得三百萬新台幣之捐款，悉數捐贈「中國大陸救濟總會」，並獲該單位頒贈感謝狀。

◎春節檔期，推出主演之第五部電影《鳳兒踢踏踩》（導演侯孝賢，男主角鍾鎮濤）。

＊此片為侯孝賢之第二部作品。

＊鳳飛飛並未演唱主題曲與插曲，是「鳳飛飛電影」唯一例外。

◎三月十三日，榮獲「金鐘獎」最佳女歌星獎。

◎五月一日，當選模範勞工，獲文工會頒獎表揚。

◎六月，捐贈新台幣十萬元贊助第五屆世界女壘賽，並赴比賽會場為中華隊加油。

◎十月，返國擔任「金馬獎」典禮頒獎人。

◎推出歌林電器廣告。

電視專輯

◎元月二十四日《鳳情千千萬義演會》錄影實況，由中視播出。此演出旋即錄製成實況錄音唱片出版。

◎四月，推出赴泰國拍攝之《湄南遊記》電視專輯（中視）。

◎十月二十五日（台灣光復節），推出專輯《鳳懷鄉土情》（中視），全輯由鳳飛飛台語發音，專唱台灣民謠，穿插介紹台灣風土民情。

◎由於迴響極大，翌年推出續集，又於一九八五年推出第三集。這三集節目是鳳飛飛最重要的台語電視專輯。

唱片專輯

◎第63張唱片：一月出版《鳳情千千萬——紀念專輯》（歌林）

◎第64張唱片：七月出版《我是中國人》（歌林）

◎第65張唱片：八月出版《鑼聲若響——台灣民謠4》（歌林）

◎第66張唱片：十二月出版《你來了》（歌林）

一九八三年 30歲

◎三月，再度蟬聯「金鐘獎」年度最佳女歌星獎。
◎蟬聯第五屆「金嗓獎」年度最受歡迎歌星榜首。
◎電視節目《鳳情千千萬》獲社會建設獎。
◎三月，推出第六部主演之電影《四傻害羞》（朱延平導演，與林青霞、孫越、陶大偉、許不了、方正共同主演）。
*鳳飛飛演唱主題曲〈出外的人〉與插曲〈哈囉〉。
◎六月十五日，赴台南參加「端午節龍舟賽」。
◎七月二日，於台北之中山醫院開刀治療多年右耳耳疾，成功裝上人工耳膜。
◎由於童年戲水而導致的右耳耳疾，自十二歲拖延到十八歲，已導致失聰。這次開刀終於讓耳疾問題告一段落。
*也因這次開刀，一向長髮的鳳飛飛改成難得的短髮造型。《相思爬上心底》封面造型，乃是以頭巾包覆住雙耳。《不知怨》封面造型，則是明顯的短髮。
◎八月七日，於來來香格里拉大飯店參加全台鳳迷舉辦之「鳳飛飛三十歲慶生會」暨鳳迷成立的「鳳之友聯誼會」，成為全台第一位擁有個人歌友會的歌手。「鳳之友聯誼會」為全台第一個有組織的歌友會，「鳳迷」從此成為台灣追星族的始祖。有鳳迷將之簡稱為「鳳友會」。
◎十一月，為歌林拍攝之廣告片「舞獅打陀螺」，獲世界優良廣告選拔賽「銀盤獎」。
◎十二月七日，再度赴金門勞軍。

電視專輯

◎三月二十七日，推出《你來了》電視專輯（中視）。

◎十月二十五日，推出台語民謠電視專輯《鳳懷鄉土情》第二集（中視）。

◎十二月，推出《浯江春曉》金門之旅電視專輯（中視）。

唱片專輯

◎第67張唱片：四月出版《出外的人》（歌林）

◎第68張唱片：八月出版《相思爬上心底》（歌林）

◎第69張唱片：十二月出版《不知怨》（歌林）

＊《不知怨》是鳳飛飛正式作詞的開始。她在此專輯中發表了〈際遇〉〈像我對你〉〈飛躍〉〈挽情〉共四首歌詞。

◎唯一胞弟林鴻棠以藝名「鳳飛颺」出道，發行專輯《風飛揚》（北聯），鳳飛飛與之姐弟對唱〈你我手牽手〉一曲。

一九八四年 31歲

◎蟬聯第六屆「金嗓獎」年度最受歡迎歌星榜首。

◎在新加坡、馬來西亞舉行歌友聯誼會，歌迷約七萬人，盛況驚人。

◎七月三十日，獲美國聖地牙哥大學「國際知名藝人榮譽獎」；美國總統雷根來函致賀。

◎八月，赴美舉行四場慈善義演，並接受「國際知名藝人榮譽獎」頒獎。

◎八月十一日，推出大型綜藝節目《飛上彩虹》（中視）。

◎何應欽將軍頒贈榮譽獎牌。

◎推出歌林電器廣告。

電視專輯

◎二月，推出《又見彩虹》除夕特別節目（中視）。

◎十月，推出《四海同心》國慶晚會專輯（中視）。

唱片專輯

◎第70張唱片：七月出版《夏的季節》（北聯）

＊此專輯共有四種封面，以四首主打歌為不同標題，因此又名《夏豔》《涼啊涼》《思念之心》。

一九八五年　32歲

◎五月，獲新加坡最受歡迎藝人榜首。

◎蟬聯第七屆「金嗓獎」年度最佳歌星榜首。

電視專輯

◎十月二十五日，推出台灣民謠電視專輯《鳳懷鄉土情》第三集（中視）。

唱片專輯

◎第71張唱片：四月出版《彤彩》（北聯）

一九八六年 33歲

◎蟬聯第八屆「金嗓獎」年度最佳歌星榜首，創下連續八年冠軍紀錄。翌年才變為「金嗓獎」最佳歌星第二名。

◎〈又見秋蓮〉〈掌聲響起〉獲選新聞局評鑑之好歌。

◎為新加坡SBC（新加坡廣播局）年度大戲《盜日英雄傳》（武俠劇）演唱主題曲〈盜日英雄傳〉（武俠劇曲風）與插曲〈還你珍珠淚〉。

＊此二曲皆未於台灣出版，而收錄於新加坡出版之《新加坡最佳電視連續劇主題曲&插曲／限量金裝版合輯》。

◎推出歌林電器廣告。

電視專輯

◎二月，推出赴日本錄製之春節特別節目《有鳳來儀》（台視）。

◎九月，推出中秋特別節目《彩虹飛月》（台視）。

◎十一月二十八日，與曹啟泰聯合主持新聞局主辦之《好歌大家唱——巨星聯合演唱會》（華視）。

唱片專輯

◎第72張唱片：一月出版《自我挑戰》（歌林）

＊再度以鳳飛飛之名，在此專輯中發表〈心路歷程〉〈北上列車〉二曲的歌詞。

◎第73張唱片：九月出版《掌聲響起》（歌林）

＊以「雅志」為筆名，在此專輯中發表〈今天的我〉一曲的歌詞。

一九八七年　34歲

◎六月，於台北國父紀念館與孫越共乘熱氣球，推行拒菸運動。

◎六月十四日，推出第五個常態性專屬節目《我愛彩虹》（台視）。這也是大型綜藝節目。

＊從為期一季的《我愛彩虹》起，才有「專屬造型師」為鳳飛飛打理服裝造型。之前的電視表演，尚無此一造型專職。

＊鳳飛飛在此節目中曾與楊麗花合演歌仔戲〈唐伯虎點秋香〉，演出秋香一角，楊麗花反串唐伯虎，兩人對唱。

唱片專輯

◎第74張唱片：六月出版《什麼樣的你》（歌林）

＊這是鳳飛飛第一張以CD形式發行的專輯。此後專輯皆以CD、黑膠唱片兩種形式同時發行，直到最後一張黑膠唱片《浮世情懷》。

＊以「雅志」之名，在此專輯中發表〈第二次期待〉一曲的歌詞。

一九八八年　35歲

◎元旦，主演之電影《春寒》於北京上映。

唱片專輯

◎第75張唱片：二月出版《鳳飛飛演藝生涯廿週年精選輯・上、下》（兩張唱片套裝，藍白）

一九八九年　36歲

◎二月初，產一男嬰，取名趙汶霖，為鳳飛飛之唯一子女。
◎這年沒有公開活動。

一九九〇年　37歲

◎加盟真善美唱片公司。
◎十月，返台參加國慶晚會《雙十國慶喜洋洋》。
◎推出一匙靈洗衣粉廣告

一九九一年　38歲

◎成立「飛飛工作室」，主導製作唱片，再由唱片公司發行。
◎參加民生報「金曲龍虎榜」頒獎典禮，並演唱〈浮世情懷〉。
◎〈追夢人〉於新加坡歌唱排行榜蟬聯八週冠軍。
◎〈追夢人〉亦是電影《天若有情之追夢人》（1990）主題曲，之後又成為電視劇《雪山飛狐》（1991，台視）片尾曲。由於此二劇皆曾在中國大陸播放，此曲成為鳳飛飛在大陸最知名的歌曲。
◎四月，推出田園小城房地產廣告。
◎五月，推出兒童身得壯奶粉廣告。
◎八月四日，參加鳳迷舉辦的「鳳飛飛慶生會」。
◎九月，返台參加「聯合報四十週年社慶晚會」。

◎十月二十五日，返台參加「區運之夜」晚會。
◎十一月九日，出席金曲獎晚會擔任頒獎人。
◎十二月七日，應邀參加金馬獎典禮，做長達十分鐘之電影主題曲演唱。
◎〈心肝寶貝〉入圍「金曲獎」年度最佳歌曲。
◎〈回家的路我會自己走〉獲選為新加坡SBC（新加坡廣播局）電視年度大戲插曲。
◎十二月，推出台中文心凱旋房地產廣告。

電視專輯
◎三月三十一日，推出《浮世情懷》電視專輯（台視）。
◎十二月，推出《今天的女人和那昨天的女孩》電視專輯（台視）。

唱片專輯
◎第76張唱片：二月出版《浮世情懷》（真善美）
＊這是最後一張以黑膠唱片形式發行的專輯。
◎第77張唱片：十一月出版《今天的女人和那昨天的女孩》（真善美）

一九九二年 39歲

◎加盟EMI科藝百代唱片公司。

電視專輯

◎九月五日，播出《鳳飛飛專輯：想要彈同調》（中視）。

＊此節目中，鳳飛飛訪問了台語歌謠創作者葉俊麟等人，極具史料價值。

◎九月十一日，播出《山水有情：環保之夜》電視專輯（中視）。

唱片專輯

◎第78張唱片：八月出版《想要彈同調1》（EMI科藝百代）

＊作家小野所著之《想要彈同調》隨唱片同步發行（皇冠出版）。

一九九三年 40歲

◎應邀返台擔任第三十屆金馬獎典禮頒獎人，並於舞台上反串梁山伯一角，先與葉玉卿合唱〈樓台會〉，接著與王靜瑩演出〈草橋結拜〉，再與邱淑貞演出〈十八相送〉。

◎推出侯孝賢執導之《戲夢人生》電影插曲〈寫佇雲頂的名〉（台語歌曲，收入《戲夢人生》電影原聲帶，其後收入《想要彈同調2》）。

◎此時鳳飛飛演唱過的電影主題曲與插曲，已有一百二十多首。

一九九四年 41歲

◎五月，捐款二十萬人民幣，響應大陸「希望工程」，於廣西山區興建「凌雲縣希望小學」。

◎由港返台參加台視台慶晚會，與費玉清同台演出。

唱片專輯

◎第79張唱片：八月出版《驛站．陪傷心人說往事》（EMI科藝百代）

＊此專輯名稱為兩首主打歌同時掛名。

一九九五年　42歲

◎五月十四日（母親節），攜子返台，於台中市立棒球場為「味全龍對兄弟象」職棒比賽開球，母子首度在台公開亮相。

電視專輯

◎二月二日，推出《鳳飛飛專輯：驛站．陪傷心人說往事》（台視）。

唱片專輯

◎第80張唱片：六月出版《思念的歌——想要彈同調2》（EMI科藝百代）。

＊以鳳飛飛之名，在此專輯中發表〈期待〉一曲的台語歌詞。

一九九六年　43歲

◎應邀返台參加「五二〇總統就職聯歡晚會」，演唱〈掌聲響起〉一曲。

一九九七年　44歲

◎四月二十日，與費玉清共同主持歌唱節目《飛上彩虹》（台視）

＊此一《飛上彩虹》與一九八四年之綜藝節目同名，但為不同之節目。

◎五月三日，與劉德華聯袂擔任「金曲獎最佳女歌手」頒獎人。

◎五月五日，鳳友會成立「鳳飛飛全球資訊網」。此乃鳳飛飛官方網站的啟始。

◎十月三日，參加《禮讚重陽銀髮樂，懷念金曲長春情——群星老歌演唱會》，演唱一系列國、台語組曲。

唱片專輯

◎第81張唱片：六月出版《想要彈同調精選輯》（ＥＭＩ科藝百代）

一九九八年　45歲

◎此年無公開活動。

一九九九年　46歲

◎捐款新台幣五十萬元，援助九二一大地震災民。

二〇〇〇年　47歲

◎一月三十一日，參加民生報社慶。

◎二月四日，於除夕特別節目《辭舊布新慶團圓，歡樂民生賀新春》（華視）演出。該節目於晚上八點播出。

◎十二月，「鳳之友聯誼會」正式更名為「鳳友會」。

一九九八—二〇〇二年 45-49歲

◎此五年期間沒有公開活動，也沒有推出唱片或電視專輯，形同進入蟄伏期。

二〇〇三年 50歲

◎舉行一連五場演唱會，鳳飛飛宣告再返舞台，成功打開此後的「演唱會時期」。
◎十月三十一日，《鳳飛飛三十五週年演唱會》於高雄至德堂首演。
＊鳳飛飛於舞台上哽咽的說：「希望下次見面，不要再等二十三年了！」（距上一次的全省歌廳巡迴演唱，已有二十三年。）
◎十一月一日，《鳳飛飛三十五週年演唱會》於高雄至德堂演出第二場。
◎十一月十四、十五、十六日，《鳳飛飛三十五週年演唱會》於台北國際會議中心舉行，連續演出三場。
＊這年的演唱會有五場，觀眾共計約為一萬三千五百人次。
＊鳳迷因此一演唱會而再度凝聚，不但官網大幅更新，以鳳飛飛為主題的部落格也紛紛成立。鳳迷們透過演唱會、網路等展開國際性的聯繫。
◎官網更名「鳳飛飛歌唱之旅」。

二〇〇四年 51歲

唱片專輯
◎第82張唱片：一月出版《鳳飛飛三十五週年演唱會》（實況錄音CD，環球）。
◎五月發行《鳳飛飛三十五週年演唱會》實況VCD、DVD（環球）。

◎五月十四日 於新加坡室內體育場舉行個人演唱會。破萬名觀眾人數刷新鳳飛飛個人室內演出之紀錄。

二〇〇五年 52歲

◎五月六、七、八日，《歌聲與歲月之旅——鳳飛飛二〇〇五演唱會》於台北國際會議中心首演，共演出三場。

◎五月二十一日，《鳳飛飛二〇〇五演唱會》於台中中興大學惠蓀堂演出。創下此地四千多個座位全滿的首例。

◎六月二十四日、二十五日，《鳳飛飛二〇〇五演唱會》於高雄至德堂舉行，共演出二場。

◎七月二日，《鳳飛飛二〇〇五演唱會》於台南市立文化中心舉行，為暌違二十五年的台南觀眾演出。

*這一年的個人演唱會共演出七場，觀眾約有一萬九千五百人次。

二〇〇六年 53歲

◎十月二十一日，於馬來西亞吉隆坡「雲頂雲星劇場」舉行《鳳飛飛世界巡迴演唱會》。

二〇〇七年 54歲

◎在台灣舉辦九場巡迴演唱會——

◎四月十三、十四日，《鳳飛飛二〇〇七演唱會》於高雄至德堂首演，共二場。

◎四月二十八、二十九日；五月十二、十三日，《鳳飛飛二〇〇七演唱會》於台北國際會議中心舉行，共四場。

◎五月二十一日，於北京大學之「百年講堂」擔任商演之壓軸主秀，創下藝人在此表演的首例。

◎六月二日，《鳳飛飛二〇〇七演唱會》於台南成大體育館舉行。

◎六月二十三日，《鳳飛飛二〇〇七演唱會》於台中中興大學惠蓀堂舉行。

◎六月三十日，《鳳飛飛二〇〇七演唱會》於新竹市立體育館舉行。

◎九月十五日，《鳳飛飛二〇〇七演唱會》於上海舉行。

◎九月二十九日，《鳳飛飛二〇〇七演唱會》於美國拉斯維加斯舉行。

＊此一演唱會又名《鳳飛飛二〇〇七世界巡迴演唱會》，確實是至今巡迴世界各地最多的一年。

◎這年共有十一場個人演唱會，觀眾約有二萬八千人次。若加上北京之商演（約五十分鐘），則共有十二次的個人現場表演。

◎這年三月有報導指出，鳳飛飛為此次演唱會訂做高科技耳機，進一步解決右耳長期的聽力受損問題。

二〇〇八年 55歲

◎五月二十日，於馬英九總統就職大典擔任壓軸嘉賓，演唱〈做個快樂歌手〉與〈掌聲響起〉二曲。

◎十二月二十七日，於新加坡舉行演唱會。此場演唱會原訂五月十七日開唱，但鳳飛飛長期有耳疾困擾的右耳於錄音時發生小意外，延後至是日舉行。

◎一度延期的新加坡演唱會，在室內體育館登場，有近萬名觀眾。這也是該年唯一一場個人演唱會。

◎這一年，鳳飛飛出道屆滿四十週年。

二〇〇九年 56歲

◎三月十四日，於馬來西亞吉隆坡「雲頂雲星劇場」舉行個人演唱會。

◎六月，結縭二十八年的夫婿趙宏琦逝世，鳳飛飛哀痛逾恆。

◎八月十四日，以電話連線方式參與電視募款晚會，援助莫拉克颱風災民。

◎十月，推出遠雄建設電視廣告，廣告中出現今年重新灌錄的〈祝你幸福〉一曲。

◎十二月，展開《鳳飛飛流水年華演唱會》。以出道四十一週年的資歷舉行大型演唱會，再創華語歌壇紀錄。

◎十二月四、五日，《鳳飛飛流水年華演唱會》於高雄至德堂首演，共二場。

◎十二月十九、二十日，《鳳飛飛流水年華演唱會》於台北國際會議中心舉行，共二場。

◎十二月，《流水年華鳳飛飛》一書出版（大塊文化），創下「學者書寫歌壇巨星」專書之首例。

唱片專輯

◎第83張唱片：十一月推出《鳳飛飛二〇〇五演唱會：歌聲與歲月之旅》CD，附帶一首新歌〈想要跟你飛〉

＊〈想〉曲距上次在錄音室灌製唱片歌曲，已有十四年。

二〇一〇年 57歲

◎一月八、九、十日，《鳳飛飛流水年華演唱會》於台北國際會議中心舉行，共三場。第三場為加演場。

◎一月二十三日，《鳳飛飛流水年華演唱會》於新竹市立體育館舉行。

◎一月三十日，《鳳飛飛流水年華演唱會》於台中中興大學惠蓀堂舉行。
◎二月二十七日，《鳳飛飛流水年華演唱會》於台南成大體育館舉行。

鳳飛飛拍攝電視廣告、連續劇與其他演出資料，請參見「鳳飛飛官方網站」：
http://www.fongfeifei.com.tw/index2.htm

電視專輯（以首播時間排列）

《歌星之夜》台視，一九七六年三月播出。
《抬頭見喜》台視，一九七七年二月十八日播出。
《飛來福》中視，一九七七年二月六日播出。
《鳳飛飛專輯》中視，一九八〇年十一月九日播出。
《殘障年愛心義演會》中視，一九八〇年十二月二十八日播出。
《鳳舞龍翔》中視，一九八一年二月四日播出。
《五月的溫馨》中視，一九八一年五月十日播出。
《鳳兒有情》中視，一九八一年十一月八日播出。
《鳳情千千萬：三民主義飛向大陸義演晚會》中視，一九八二年一月二十四日播出。
《湄南遊記》中視，一九八二年九月十八日播出。
《鳳懷鄉土情（一）》中視，一九八二年十月二十五日播出。
《你來了》中視，一九八三年三月二十七日播出。
《鳳懷鄉土情（二）》中視，一九八三年十月二十五日播出。
《浯江春曉》中視，一九八三年十二月播出。
《又見彩虹》中視，一九八四年二月一日播出。
《鳳懷鄉土情（三）》中視，一九八四年十月二十五日播出。
《四海同心》中視，一九八五年十月九日播出。
《有鳳來儀》台視，一九八六年二月九日播出。
《彩虹飛月》台視，一九八六年九月十八日播出。

《好歌大家唱——巨星聯合演唱會》華視，與曹啟泰共同主持，一九八六年十一月二十八日播出。

《鳳飛飛專輯：浮世情懷》台視，一九九一年三月三十一日播出。

《鳳飛飛專輯：今天的女人和那昨天的女孩》台視，一九九一年十二月播出。

《有鳳來儀》台視，一九九二年三月十五日播出。

《鳳飛飛專輯：想要彈同調》中視，一九九二年九月五日播出。

《山水有情：環保之夜》中視，一九九二年九月十一日播出。

《鳳飛飛專輯：驛站／陪傷心人說往事》台視，一九九五年二月二日播出。

常態電視節目主持（以開播時間排列）

《我愛週末》台視，每週六15：00～15：40播出，一九七六年七月十七日開播至一九七七年十二月二十四日。

《你愛週末》中視，每週日16：30～17：30播出，一九七七年五月七日開播至一九七八年六月三日。

《一道彩虹》中視，每週日20：00～21：00播出，一九七八年七月九日開播至一九八〇年五月四日。

《飛上彩虹》中視，每週六20：00～21：30播出，一九八四年八月十一日開播至一九八四年十二月八日。

《我愛彩虹》台視，每週六20：10～22：10播出，一九八七年六月十四日開播至一九八七年九月六日。

《飛上彩虹》台視，與費玉清聯手主持，每週日19：40～21：50播出，一九九七年四月二十日開播至一九九七年十月二十三日。

電影（以上映時間排列）

《春寒》，一九七九年六月
《秋蓮》，一九七九年十一月
《鳳凰淚》，一九八〇年十月
《就是溜溜的她》，一九八一年一月
《風兒踢踏踩》，一九八二年一月
《四傻害羞》，一九八三年三月

電視劇（以首播時間排列）

《燕雙飛》華視，一九七一年十一月開播
《兄弟英豪》華視，一九七二年一月開播
《開漳聖王》華視，一九七二年六月開播
《女神龍》中視，一九七二年四月開播
《包公傳》中視，一九七二年二月開播
《胭脂虎》華視，一九七三年十月開播
《鳳山虎》華視，一九七二年十月底開播
《愛情十字路》中視，一九七三年一月開播
《一段情》華視，一九七四年二月開播
《金鑲玉》台視，一九七四年六月開播

引用歌詞一覽表

◆〈流水年華鳳飛飛〉

❶ 19頁，出自〈燕雙飛〉，張宗榮詞，于文曲，收錄於《金獅村．燕雙飛》（1972，海山）。

❷ 22頁，出自〈孤女的願望〉，葉俊麟詞，米山正夫曲，收錄於《鳳飛飛三十五週年演唱會實況專輯》（2004，環球）。

❸ 27頁，出自〈祝你幸福〉，林煌坤詞，林家慶曲，收錄於《祝你幸福》（1972，海山）。

◆〈最華麗的冒險——記鳳飛飛二〇〇七年演唱會首演〉

❶ 35頁，出自〈好好把握〉，童安格詞，馬兆駿曲，收錄於《出外的人》（1983，歌林）。

❷ 36頁，出自〈飛躍〉，鳳飛飛詞，馬兆駿曲，收錄於《不知怨》（1983，歌林）。

◆〈地母與超人——談鳳飛飛演唱會的幾首歌〉

❶ 42頁，出自〈心肝寶貝〉，李坤城．羅大佑詞，羅大佑曲，收錄於《浮世情懷》（1991，真善美）。

❷ 46頁，出自〈夏日假期玫瑰花〉，張仁道詞，古月曲，收錄於《夏日假期玫瑰花》（1976，海山）。

❸ 50頁，出自〈溫暖的秋天〉，劉家昌詞曲，收錄於《溫暖在秋天》（1976，海山）。

❹ 52頁，出自〈涼啊涼〉，陳煥昌詞曲，收錄於《夏豔》（1984，北聯）。

❺ 53頁，出自〈夏的季節〉，何啟弘詞，陳復明曲，收錄於《夏豔》（1984，北聯）

❻53頁，出自〈夏豔〉，童安格詞曲，收錄於《夏豔》（1984，北聯）。

❼54頁，出自〈楓紅層層〉，瓊瑤詞，劉家昌曲，收錄於蕭孋珠《楓紅層層》（1975，歌林）。

❽54頁，出自〈秋詩篇篇〉，劉家昌詞曲，收錄於銀霞《秋詩篇篇》（1977）。

◆〈愛不完的鳳迷〉

❶72頁，出自〈一顆紅豆〉，瓊瑤詞，古月曲，收錄於《一顆紅豆》（1978，歌林）。

❷77頁，出自〈月朦朧鳥朦朧〉，瓊瑤詞，古月曲，收錄於《月朦朧鳥朦朧》（1978，歌林）。

❸87頁，出自〈愛不完的你〉，孫儀詞，湯尼曲，收錄於《你來了》（1983，歌林）。

◆〈從寒星到巨星——鳳飛飛與綜藝節目〉

❶93頁，出自〈群星會〉，慎芝詞曲。

❷99頁，出自〈心影〉，作詞者不詳，玄瞿曲，收錄於《星語》（1976，歌林）。

◆〈鳳兒踢踏踩——鳳飛飛的電影因緣〉

❶108頁，出自〈月朦朧鳥朦朧〉，瓊瑤詞，古月曲，收錄於《月朦朧鳥朦朧》（1978，歌林）。

❷112頁，出自〈鳳飛飛雲飛飛〉，張仁道詞，古月曲，收錄於《夏日假期玫瑰花》（1976，海山）。

引用歌詞一覽表

◆〈做個快樂歌手——鳳飛飛四十一年歌藝之旅〉

❶125頁，出自〈呼喚〉，駱明道詞曲，收錄於《呼喚》（1975，海山）。

❷126頁，出自〈溫暖在秋天〉，易鳴詞，劉家昌曲，收錄於《溫暖在秋天》（1976，海山）。

❸126頁，出自〈夢難留〉，蔣榮伊詞，遠藤實曲，收錄於《花有情花有愛》（1978，歌林）。

❹128頁，出自〈楓葉情〉，林煌坤詞，駱明道曲，收錄於《楓葉情》（1976，海山）。

❺、❻130頁，出自〈我是一片雲〉，瓊瑤詞，古月曲，收錄於《我是一片雲》（1977，歌林）。

❼136頁，出自〈好好把握〉，童安格詞，馬兆駿曲，收錄於《出外的人》（1983，歌林）。

❽141頁，出自〈淡水暮色〉，葉俊麟詞，洪一峰曲，收錄於《想要彈同調1》（1992，EMI—科藝百代）。

❾141頁，出自〈思念的歌〉，路寒袖詞，王明哲曲，收錄於《想要彈同調2——思念的歌》（1995，EMI—科藝百代）。

❿144頁，出自〈溫暖的秋天〉，劉家昌詞曲，收錄於《溫暖在秋天》（1976，海山）。

⓫145頁，出自〈心影〉，玄瞿曲，收錄於《星語》（1976，歌林）。

⓬145頁，出自〈花有情花有愛〉，莊奴詞，古月曲，收錄於《花有情花有愛》（1978，歌林）。

◆〈想要彈同調——鳳飛飛與台語歌謠〉

❶178頁，出自〈雨夜花〉，周添旺詞，鄧雨賢曲，收錄於《心酸酸》（1977，歌林）。

❷、❸180頁，出自〈白牡丹〉，陳達儒詞，陳秋霖曲，收錄於《心酸酸》（1977，歌林）。

◆〈我是出外人——鳳飛飛與台客文化〉

❶197頁，出自〈出外的人〉，莊奴詞，古月曲，收錄於《出外的人》（1983，歌林）。

＊本書引用歌詞，由可登音樂經紀有限公司、歌林唱片、環球唱片、葉煥琪先生、陳國慶先生授權使用。

感謝

本書出版，最要感謝的當然是鳳飛飛女士。鳳飛飛的歌聲與人生智慧，都豐富了我的人生。

再來，我要感謝鳳迷們給我的支持。文文是給予我最大助力的資深鳳迷之一，對鳳姐的一切如數家珍，帶引我去認識更多的鳳迷，跟我核對鳳飛飛的演藝資料等等。此外，鳳友會的成員們、在〈愛不完的鳳迷〉一文裡提到的鳳友們，無數我未曾謀面的鳳迷，我也在此先行謝過。

我也要感謝「國家文化藝術基金會」贊助本書的創作，與此計畫的指導老師季季女士，信任我在書寫上大膽的轉變與開發。

我也感謝大塊文化的鼎力相助。

當然，大塊文化楊郁慧小姐主動來找我出書的誠意，我亦感動在心。本來郁慧只是看了〈流水年華鳳飛飛〉一文，來信希望我為鳳飛飛寫一本書，沒想到當時我已將全書初稿寫好了，好像我們心有靈犀。編輯過程中，郁慧真是勞苦功高，她並建議我增補電影、綜藝節目等文章，才有了目前更豐富的樣貌。

國家圖書館出版品預行編目資料
流水年華鳳飛飛 / 陳建志著. -- 初版. -- 臺北市
: 大塊文化, 2009.12
面； 公分. -- (mark ; 81)
ISBN 978-986-213-150-3(平裝)
1. 鳳飛飛 2. 歌星 3. 臺灣傳記
783.3886 98020493